だいわ文庫

# 斎藤一人の不思議な「しあわせ法則」

柴村恵美子

大和書房

# はじめに
## ――ナゾのリッチマン・斎藤一人さんは、やはり不思議な人？

「柴村さんの師匠で、日本一のリッチマン・斎藤一人さんとは、どんな人ですか？」

最近、私はいろんな人から、こんな質問をされることが多くなりました。

一人さんは、一二年連続全国高額納税者番付のトップ一〇入りという記録を打ち立てたにもかかわらず、テレビや雑誌などに姿を現すことがありませんから、みなさんが知りたがるのも当然といえば当然のことかもしれません。

でも、みなさんにそう聞かれても、私は少し困ってしまうんです。

というのも、一人さんは不思議な人だから。

一人さんはごく普通に生活している、ただの商人ですが、他の人とはちょっとだけ違う考え方をもっています。

世間の常識のなかで純粋培養された私も、一人さんとつき合っている間にその〝ちょっとだけ違う〟が〝筋の通った理屈〟になってきてしまい、ヘンな人の部類に入ってしまった感があるんですが、それでも今なお解明できないことがいくつもあります。また、常識ではどうしても納得し難い、不思議な出来事にも遭遇しました。

それがまた私には、一人さんの魅力の一部にも思えて、

「また一人さんに会いたい、会って話を聞きたい」

となる。

そう思わせる何かを一人さんはもっているんです。ここがミソです。

わからないことが魅力なのではなく、不思議なことさえも魅力的だと私に感じさせる何かがある、と思わせる〝何か〟がある。

その〝何か〟を解明することを通じて、私は自分の魅力を高めるコツを学んできました。その過程については、拙著『斎藤一人の不思議な魅力論』（PHP研究所）に書いた通りなのですが、あの本には書ききれなかったことがたくさんあります。そこで今回、再び機会をいただき、この本を出すことになりました。

ところで、『斎藤一人の不思議な魅力論』は不思議な観音さまのエピソードで幕が閉じられていますが、今回はそれよりパワーアップした不思議話も紹介しています。

ただし、そのことについては、別に信じていただかなくてもかまいません。紹介する私自身が、

「世の中に、こんなことがあるなんて信じられない！」

と思ったぐらいですから……。

でも、信じるとか、信じないとかいう以前に、もっと大切なことを知っていただきたいのです。それは、

**「人間は環境をつくる動物である」**

ということ。

このことを、みなさんに再認識していただくための、ひとつの材料として、不思議な話を取り上げたまでのこと。

「環境をつくる」とはどういうことですか、って？
それは、この先を読んでからのお楽しみ。
あなたに、すべてのよきことが、なだれのごとく起きました！

柴村恵美子

## 斎藤一人の不思議な「しあわせ法則」◎目次



# 第1章　一人さんが教えてくれた「毎日をゴージャスに生きる法」

## 第2章　「ツイてない」を「ツイてる」に変える

## 第3章 斎藤一人流 成功者への道

～成功の道に乗るだけでいいのに争うのはナゼ？　164

# 第４章　「ひとり勝ち」のしあわせ法則

# 第1章

# 一人さんが教えてくれた「毎日をゴージャスに生きる法」

# 不思議な一人さんとの、不思議な出会い

みなさんは、初対面の人と話をするとき、どんなことを話しますか?

「こんにちは、はじめまして」

という挨拶から始まって、互いに自分の名前や出身地などを紹介し合ったり、

「今日は暖かいですね」

などといった、当たりさわりのないことを話題にして、徐々に会話を広げていくのが通例ではないかと思います。

ところが、世の中には変わった人もいるもんなんですね。

今から三〇年ぐらい前、私は北海道から上京し、指圧の専門学校に入学したんですが、そのとき同じクラスの人で、私の顔を見るや否や、いきなり、

「あなたとはつき合いが長くなりそうですね」

と、いってきた人がいるんです。

その〝変わった人〟が、何を隠そう、あの、斎藤一人さん。

「この学校は二年制だからクラスメイトとのつき合いは二年。あなたとも、たぶんそうだと思うけど、それを『つき合いが長い』というのはどうしてですか?」

私がそう訊ねると、一人さんはニコニコしながら、こういいました。

「二年じゃ済まないんですよ、ハハ……。ゴメンなさい、気にしないで、冗談だから」

一人さんがそういうので、私も冗談だと思って気にはしなかったんです。

それで、話をしていて面白いので自然とクラスメイトとしてつき合うようになったんですが、しばらくして一人さんは私にこんなことをいったんです。

「エミちゃんは、実業家になれるよ。日本列島には川が流れている。お金という川があるんだ。その川にちょっと手を入れると、川の流れが自分のところにスーっと入ってくる。その川に手を入れて、流れを変えてごらん」

当時、女性が実業家になることはレアケース。しかも、私はまだ一八歳の学生です。商売のことはおろか、世間のこともよく知りません。

そんな私に向かって、「実業家になれる」とは……。

「東京ってすごいな。こんな変わった人がいるんだもんな」

私はそう思いました。

だけど、一人さんは、いつもニコニコしていて、何があっても楽しそう。そんな一人さんと一緒にいると、こっちも楽しくなる。だから、また会いたくなる。それが積もり積もって、気がつくと、一人さんとのつき合いが三〇年にもなってしまいました。

また、楽しい一人さんと仕事をすると、楽しいだろうな、という、ものすごく単純な理由から、一人さんが立ち上げた「銀座まるかん（当時は銀座日本漢方研究所）」の販売代理店を始めたんですが、いつのまにか私は一三都道府県に拠点を置く会社の経営者となり、自分でもビックリするほどのお金を手に入れるようになりました。

そうです、一人さんのいったことが現実になってしまったんです！

私にはそのことが驚き以外の何ものでもないのですが、一人さんは、

「そんなことは、どうってことないんだよ。人には定めってものがあって、つ

き合いが長くなる人は長くなる。商売のことだって、俺の力でどうにかなるようなものじゃないの。エミちゃんが自分で会社をつくって、自分で経営しているんだよね。強《し》いていうとしたら、エミちゃんにはツキがあった。それだけのことさ」

と、いたって冷静で、私が、

「いや、一人さんはスゴイ人です」

といっても、

「そういう話はもう止めよう。そんなことより、この前、旅先でいい場所を見つけたんだ。エミちゃんの都合がついたら、俺、案内するよ」

と、はぐらかされてしまう。

だけど、私としては、どうしても、一人さんがタダ者ではないとしか思えないんです。

# ツイてる人は目標をもつ必要がない？

一人さんは、事業を立ち上げたとき、何年何月までに売り上げを何％上げて、何年後には事業を今の何倍に拡大する、といった目標を一切口にしたことがありませんでした。

その当時、私はまだ指圧師をしていて会社経営とは無縁の生活を送っていましたが、超ＶＩＰな方が訪れる某治療院に勤めていたことから、いろいろな経営者の方と交流させていただく機会があったんです。

だから、経営者というものは目標をもっているものだ、という固定観念があったんですね。それで、私は、目標をもたない一人さんのことが気になって、「ところで一人さん、目標をかかげるべきじゃないの？　会社経営とは、そういうものでしょ」

といったことがあるんです。そのとき、一人さんはこんなことをいったんです。

目標っていうのは自分が決めるよね。自分が決めるって、人間のアタマで勝手に決めるんだよね。

でも、人っていうのは、見えない力の影響を受けているんだよ。なのに、勝手に「ここまで」って決めちゃうと、本当はその上へ行けるのに「ここまで」で止まっちゃうじゃない？　だから、目標はもたない。

それに、俺は目標をもつ必要がないの。だって、俺、ツイてる人間だから。

私は、ビックリしました。というか、あきれてしまった、といったほうが正しいのかもしれません。

なぜって、ツイてるから目標をもつ必要がない、って、理屈になっていませんから。

ところが、この言葉のあと、一人さんはこういったんです。

それにね、今でも俺はしあわせなんだよ。だって、俺がしあわせそうにしてると、周りの人もみんなしあわせそうな顔になる。俺と出会ったことを喜んでくれる人がいるの。
俺は思うんだよ、最終的なしあわせって、人が喜ぶ顔じゃないかな、って。
人が喜ぶ顔を見てるとね、この仕事しててよかった、生まれてきてよかった、
って思う。そのうれしさが、俺の心を豊かにしてくれる。
やっぱり、感激して涙流す人生が一番いいよな。感激できない人生なんて、
つまらない。俺はそう思うんだ。

この言葉に、私はすっかり感動してしまい、

「ツイてる人は目標をもつ必要がない」

という言葉の意味を訊ねる機会を逸してしまいました。

ところが、それ以降、一人さんの会社は年々七倍ずつ利益を増やし、全国高額納税者番付にも顔を出すようになりました。

私は、現実として、あの言葉を受け入れざるをえなくなってしまったのです。

でも、どうして目標をかかげていない一人さんに、そんなことができたのか。

私には、そのことが不思議でしかたがありませんでした。そこで、そのことを

一人さんに追及すると、一人さんは……。

目標をもつことが悪いことじゃないんだよ。こんなことをいうと、世間の人から怒られるかもしれないけれど、実は俺も、

「旅を楽しめるぐらいのお金を稼げるようになりたいけれど、みんなが顔を知っているような金持ちにはなりたくない」

「自分の会社をもちたいけれど、会社にはいかないで済むようになりたい」

とかって考えていたんだよ。ただ、世間の人がそれを目標といわないだけのことで……。

だから、その程度の目標なんだけど、成功しちゃった。どうしてそうなったのかは、自分でもわからない。理屈では理解できないほどツイてる人間だから、ということしかいえないよ。

そういうわけで、私、柴村恵美子も理屈を超えたツイてる人間になることを目標にし、今日も楽しい修行を続けています。

# 一人さんは売れる商品を「ポン!」と出す

こんなふうに、一人さんは不思議人ですが、その一人さんが創業した銀座日本漢方研究所という会社も、よくよく考えると、実に不思議な会社です。

〝研究所〟とはいうものの、それらしい施設などなく、研究員もひとりもいません。あるのは、斎藤一人という人間、ただひとり。

しかも、一人さんの仕事は商品開発なんですが、その本人も研究していません。試験管を振ってる姿はおろか、腕組みして考え込んでいる様子も見たことがありません。

では、どういうふうに商品ができてくるのか、というと、ものの数秒で出てくるんです。どういうことかというと、一人さんとドライブしたり、食事をしたり、雑談をしているときに、突然、一人さんが、

「今から、膝とか腰が心配な人のための商品をつくるよ」

といって、この素材とこの素材を、これこれこういう割合で配合する、ということをメモに書く。これで商品開発は終了です。

それで、一人さんの言葉を記録したメモを工場へもっていき、商品ができてしまう。ですが、その商品は、決していいかげんなものではありません。

東洋医学の食養生では陰と陽のバランスをとることを重要視しますが、一人さんが開発した商品はその理論にきちんとのっとっています。また、現代人はビタミンやミネラルが不足しているといわれていますが、その点についてもきちんと考慮されています。

ところで、ビタミンやミネラルというのは、西洋の科学ですよね。陰陽などの食養生は、東洋の実践科学。専門の方からお話をうかがうと、西洋の科学と東洋の実践科学を両立させるものは生半可なことではできないということなんですが、一人さんはひとつの商品でこれを実現させてしまう。しかも、その商品がひとたび世に出るや、口コミでどんどん広がるんですよ。

私には、そのことが、これまた不思議でたまらないんです。

通常、商品開発というと、マーケティングから始まって、いろいろな素材を集めたり、コスト計算をしたり、サンプルをつくって検討したりと、ある程度の時間と費用、労力を費やして、ひとつの商品をつくり出すものだと思います。ましてや、人が健康のために口にするものですから、熟慮に熟慮を重ねるのが当然でしょう。それが、一人さんの場合は、たった数秒で済んでしまう。

アタマのなかで考えると、とても信じ難いことなんですが、私の目の前でこういうことが何度もありました。

現実がそうだから認めざるをえないんですが、どうしてこういうことができるのかが知りたくて、一度、一人さんに訊ねてみたんです。すると、一人さんは笑って、

「なぜかはわからない。わからないけど、そうなんだよ」

というだけ。

こんな説明で、みなさんは納得しますか？　私にはできません。

「一人さん、ふざけたことをいわないで、きちんと説明してくださいよ」

私がそういうと、一人さんは、

「あくまでも斎藤一人流のやり方だけど……」

といいながら、こんなことを語ってくれました。

他の会社がどうやって商品開発をしているかは知らないよ。だけど、俺の場合、たとえば、膝や腰のことで困っている人がいるとして、

「この人にはこういう商品が必要だな」

っていう、種みたいなものをまずアタマに植えるんだ。

そうすると、しばらく放っておいても後で必ず答えが出る。

アタマに入れちゃえば、勝手にその種がクックツって動いて、それを探し出す。

そうじゃなかったら、牽引《けんいん》の法則で引っ張って出てくる。要するに自分に出てこないものは、

「こんなのはいかがでしょうか」

って、もってきてくれる人が出てくる。

長年、研究して、悩んで悩み抜いた末に出てきて、そのとき、

「あのときの苦労があったから、商品化にこぎつけられたんだ」

と思う人もいると思う。だけど、俺の場合は、脳に一度インプットしたら、

後で勝手に出てくるんだ、という理論でやってる。だから、脳を信じて、出てくるのを待ってるだけなんだ。

一年後に出てくるものは、一年後に出てくるようになっている。苦しもうが、何しようが、人間の脳っていうのはそういうふうにできているの。ただ、楽しいことしてたほうが、一年後に出てくるはずの答えが半年後に出てきたりする。

まぁ、いずれにしろ、いいアイディアというものは、ある日突然「ポン！」と出るようになっているんだ。

エミちゃんはそれが不思議だというけれど、この地球が自転していることも、どうしてなのかをじっくり考えて出てきたことじゃないんだよ。ある日、突然、

「あっ、地球が回ってる」

って、「ポン！」と出た。だから、いろんな発見・発明は、最初は「ポン！」なんだけど、それを証明するのに時間がかかるだけなんだよ。

それで、実は、こういう「ポン！」は、誰にでもあることなんだ。

一人さんにそういわれて、自分の日常を振り返ってみたのですが、確かに

「ポン！」はある。たとえば、ハイキングで山道をさまよっていて、目の前に二つの道が出てきたときに、なぜか、

「こっちの道で大丈夫だよ」

といえてしまった、とか。

それ以外にも、結構、ちっちゃな「ポン！」がいろいろある。

でも、お客さんに喜ばれる商品を「ポン！」と出すとなると、普通はなかなかできないわけで……。

どうして一人さんにそれができるのか、その極意を教えてもらおうとしたのですが、一人さんは、

「エミちゃん、いいかげん、もうこの話は止めよう。商人は働いてナンボの世界で生きてるんだから、仕事をしよう。俺も、明日は一ヵ月ぶりに自分の会社に出るから……」

と、話を打ち切られてしまいました。残念……。

でも、よくよく考えれば、商品開発は一人さんの仕事で、私の仕事ではない。

だから私は、私の人生の中にある「ポン！」を楽しむことにしています。

## コラム◎一人さんの「ポン！」、その後……

一人さんの「ポン！」で私が一番ビックリするのは、実際にそれを使ってくださっている方たちからの反響です。参考までに愛用者の方たちから届いた体験談の一部を以下に紹介します。

ただし、使用感は使う人によって違いますから、直接ご本人の話を聞いたほうがいいと思います。

〝まるかん〟のお店には愛用者の方が遊びにいらっしゃるので、興味のある方は一度お近くの〝まるかん〟のお店をのぞいてみてはいかがですか？

**北海道・松本さん（女性）**

電機店をやっているんですが、商品の搬入・搬出で忙しい日があったんです。その翌朝、腰が痛くなり、いつものように階段を降りることができず、後ろ向きで一歩ずつ降りるという状況でした。病院でレントゲンをとってもらうと「別に異常はない」ということなんですが、かがむのもつらくて……。ところが、あの商品を使い出したら、翌朝からいつものように動けたんです。体もポカポカして、痛みも忘れて普段どおりに仕事をしていました。それから、なぜだかわからないのですが、顔のむくみもとれて、ちょっと引きしまりました。

### 山口県・富田さん（男性）

私は今、五四歳です。四〇年ほど趣味でサッカーをしていますが、膝・肩・腰、とにかく体じゅうがガタガタでした。サッカーの試合が一日に二つあるとき、二試合目になる頃にはいつも痛みが出てしまいます。ところが、あの商品を使い始めてからは今までとは全然違うのです。先日も岡山で二日で四試合こなしてきましたが、二日目の試合でも元気でした。さらにその翌日、約束の時間に遅れそうになり、無意識のうちに駅の階段を思わず二段跳び、三段跳びで駆け上がっていましたが、それでも痛みが出ませんでした。今までは立つのも精一杯だったのに……。自分でも驚いています。

**大阪府・ラルクさん（女性）**

以前二度ケガを負い、その影響で腰と膝が悪い状態が続いていました。たとえば、膝は寒くなると水がたまり、歩き続けるとつっぱってきて歩けなくなってしまいます。さらには数年前に腰をねじり、腰椎の椎間板がすべって元には戻らなくなりました。ところが、最近、あの商品を使ってみたところ、今までは手すりをもちながら一段ずつ降りないと痛かったのが、普通に階段を降りられるようになりました。また、私は腎臓も悪く、トイレの回数も少なかったのですが、今では回数も増え、勢いよく出るようになりました。また、朝の起床時には決まって出ていた頭痛もなくなりました。

## 一人さんがマスコミに出ない本当の理由

一人さんには、私を含めて一〇人の弟子がいます。

しかし、一人さんは、師匠と呼ばれることを望んでそうなったわけではありません。私が一人さんを師匠にするといったとき、私は一人さんからこんなことをいわれました。

「エミちゃん、どうかしてるよ。俺、ヘンな人なんだよ。ヘンな人を師匠といってると、世間からヘンな人だと思われるよ。ハハ……」

ですが、私はどうしても一人さんからいろいろ話を聞きたかったので、一人さんの忠告を聞き入れず、勝手に師匠にまつり上げました。そういう人がひとり増え、ふたり増えして、一〇人になり、今の〝まるかん〟ができていったのです。

それでも、一人さんは私たちと師弟関係にあるとは思っていません。

「私たちはツイてるサークルの仲間なんですが、便宜上、お弟子さんと呼んでいるんです。とはいっても、この人たちはすごい優秀で、私はこの人たちについていくのがやっとなんですよ」

一人さんはそういいます。そして、

「その程度の人間ですから、世間のご期待にそうようなことなんてできないんです」

と、人前に出て話をすることをできるだけ避けようとします。ですから、マスコミから取材のオファーがあっても、いつも断ってしまいます。

私は、新しいタイプの成功者が出現したことを世間の人に報告することは日本全体にプラスになると思っていたので、一度だけ、

「一人さん、一度だけでも出てみたらどうかしら」

と、進言してみたことがあるのですが、

「そんなことしたら、女性がみんな俺のファンになって、他の男連中から嫌なヤツと思われるよ（笑）。だから、出ない」

と、断られてしまいました。

この話はそれっきりになってしまったのですが、最近、私は出かける先々で、「柴村さんは、あの斎藤一人さんのお弟子さんなんですか。斎藤さんってどんな人なんですか？　会ってみたいな」

などといわれるものですから、そのことを一人さんに伝えたんです。

もちろん、一人さんの答えは、

「俺は絶対に出ないよ」

私にも、一人さんを無理やりテレビに出そうという気持ちは毛頭ありません。ですが、どうして出たくないのか、一度、その理由を聞いてみたかったんです。

「きっと一人さんは『理由を聞いて得することは一個もない』というと思うんですけど、でもそれを承知であえて質問します。ちゃんと答えてくださいね、どうして一人さんはマスコミに出たくないんですか？」

私の問いかけに、一人さんはしばらく黙り込んでしまいました。そして、しばしの沈黙の後、意を決したかのように、こんな話をしてくれました。

**ひとり いつもいうことだけど、俺が事業を成功させたのは奇跡なんだよね。**

俺は自分のことを商売向きな人間だと思っているけれど、俺に並外れた商売の才能があったわけじゃないんだよ。商人として当たり前のことをやっていただけ。

ただ、俺は他の人と何が違うかというと、ツイてた。

どんなときでも、

「生まれてきて、しあわせだ」

っていうクセが生まれつきあって、どこにいても楽しくて、しあわせだったんだよ。

俺が人よりまさっていることを強いてあげるとしたら、その程度のことなんだよ。

だけど、事業が成功しなくても、しあわせな人っているんだよ。俺よりも、しあわせな人もいるの。それで、俺の考え方というのは、しあわせになった人が成功者なんだよ。

だから、俺のことをイチイチ引っ張り出す必要は全然ないんだよ。

「そうはいっても斎藤さん、世間に対していいたいことがあるでしょ」

と、親切にいってくれるマスコミの方もいるんだけど、いいたいことなんて何もないの。

俺の名前がついた本が出ているけれど、それはみんなが俺の話を本にしただけのことであって、俺が読んでも、

「この人ずいぶんおかしなことをいう人だな」

って。要するに、まるで別の人のことが書かれているような気がするんだよ。

本を読んでいただいている方には、俺のことに興味をもっていただいて、心底ありがたいことだと感じてる。しあわせ者だなと思うよ。

だけど、俺みたいな人間が出てきたって、つまんないだろ。お弟子さんたちが書いた本のほうが、どう考えたって立派だしね。

だからね、興味をもつなら、俺じゃなく、自分のことのほうがいい。

人って、それぞれ感性が違う。俺はアジの開き定食を食べてても、フレンチ食べてるのと同じぐらいのしあわせ感じるけど、全員がそう思うことはないから。

それで、みんなそれぞれ違う、っていうのがいいんだよ。

**出たくない理由をいえといわれたら、いろいろあるんだけどね。でも、そんなもの一つひとつあげたところで俺がトクするわけでもなければ、誰かがトクすることもない。結局、出たくないものは出たくない、それ以上のものはないんだよ。**

というわけで、一人さんがマスコミに登場しない理由も、いまだ解明できず。でも、確かに、それがわかったところで何かが変わるわけでもなし。

やはり、一人さんがいうように、他人より、自分に興味をもつことのほうが大事なんですよ。でも、わかっていながら、知りたくなってしまうんですよね、人間というのは……。

## お金がなくてもゴージャス生活？

一人さんは学生の頃から、いつも、どんなときでも、

「俺はしあわせだよ。すごいハッピーだよ」

「ツイてるな」

っていってました。

「ああだったらいいのに……（でも、今の自分には○○が足りない）」

というように、人をうらやんだりすることは、一度もありませんでした。

たとえば、当時一人さんの愛車だった国産のライトバンに同乗させてもらったときのこと。後ろからベンツが走ってくるのを見て、一人さんはうれしそうな顔をしてこういいました。

「エミちゃん、後ろ見て。どうだい、俺のライトバンはすごいだろ。後ろにベンツを従えて走ってるよ。ゴージャスだな、ハッピーだな」

それから、私が自分の将来の夢として、庭付きの一戸建てを買うという話をしたときも、一人さんには驚かされました。

「庭にはバラのアーチがあって、緑の芝生の上に白いテーブルと椅子を置いて、優雅にお茶をいただくのよ。ところで、一人さんは将来、どんな家を買うの？」

私がそういったとき、一人さんはこう答えました。

「ん？　俺は、別に家を買いたいとは思わないよ」

当時はまだ、男子たる者は一戸建ての家を構え、一国一城の主になるのが常識とされていましたから、私には一人さんのこの発言が意外でした。それで、

「女の私でさえ家を買おうと思うのに……。一人さんは、男でしょ」

といったんです。そのとき、一人さんはニコニコしながら、こういいました。

「エミちゃんは、それが欲しいんだから、それを手に入れるためにがんばればいいんだよ。だけど、俺は別に欲しくない。それに、そんなことしなくても、俺、自分の庭をもってるからね」

私は、一人さんが冗談をいっているのかと思いました。

「フフ、一人さん、おかしなこといわないでよ」

私がそういうと、返ってきた言葉がすごい。

「ハハ、おかしいでしょ。でも、俺にとって、千葉は俺の庭なんだ。千葉の海は、俺の心のなかでは俺のプライベートビーチ。山もあるよ。公園だってある。道路もある。どう？　ゴージャスでしょ。

管理費なんて全然かからないの。だって、国や自治体がやってくれているんだもん。掃除までしてくれて、ホント、俺はツイてるなぁ」

もっとすごいエピソードもあります。専門学校を卒業し、それぞれ別々の道を歩き始めたとき、一人さんと青森を旅することになったんです。そのとき、一人さんが竜飛岬《たつぴみさき》をプレゼントしてくれたんです。

みなさん、私のいってることがおかしなことだと思いませんか？

私は、そう思います。というのも、当時の一人さんは、竜飛岬どころか、ビルを買うお金さえもってなかったんですから。

だから、一人さんが、

「日本にはいいところがたくさんあるけど、そのなかからキミが好きな場所をプレゼントしてあげよう。どこがいい？」

といったとき、私は自分の耳を疑いました。

「一人さん、本気でいってるの？　また冗談でしょ」

私がそういうと、一人さんはニコニコしながら、

「本気だよ、どこがいい？」

というので、私も半信半疑ながら、こう答えました。

「そうね、竜飛岬をプレゼントしてもらうかな」

すると、一人さんはこういいました。

「うん、わかったよ。じゃあ、今から車で竜飛岬まで行こう」

私は一人さんにうながされて車に乗り込みました。そして、竜飛岬へ到着。

すると、一人さんは、満面の笑みをうかべながら、

「エミちゃん、お待たせ。はい、どうぞ」

と……。私のアタマのなかは、大混乱です。

「どうぞ、っていわれても……」

どんな言葉で一人さんに対応すべきなのか、何も思い浮かばなくて困っている私に、

「ハハハ、黙って見てればいいんだよ」

と一人さん。

私は気が抜けて、大笑いしてしまいました。だけど、なぜか、ものすごくハッピーな気分になりました。一人さんが、ニコニコして、楽しそうにしているから。

仲間の社長たち（一人さんの弟子で、銀座まるかん販売代理店社長）も、一人さんと旅をしているときに、いろいろプレゼントしてもらっているんですよ。

「あの灯台は、みっちゃんにプレゼントするよ。今日からあの灯台は、みっちゃん灯台だよ」

「あの島は、ハナエちゃんにプレゼントしよう。あれは今日から、ハナエ大陸だ」

「この広大な野原は、ジュンちゃんへのプレゼント。ということは、あそこに建ってる小屋はジュンちゃんの別荘だな」

一人さんは、やっぱりヘンですよね。でも、こういう旅をしていると楽しいですよ。

# 美しい景色は、自分のものだと思っていい

一人さんとの旅の思い出はたくさんありますが、今でも深く心に刻み込まれているのが新潟を旅したときのこと。

「今度の週末、新潟を旅するんだ。もし、エミちゃんの都合がよければ連れて行ってあげるけど、どうする？」

と、一人さんから誘いを受け、スケジュールを確認すると幸いなことにオフ。

そこで一人さんの旅に私も同行させてもらうことにしました。ところが……。

一人さんに案内してもらったのは、日本海沿いにあるお寺。そのお寺は、山の上に建っていて、簡素で地味でした。

「何もないとこだわ。こんなお寺の一体どこがいいんだろう？」

私が心のなかで、そうつぶやいた、そのとき。

一人さんが、突然、日本海のほうを指差していいました。

「ほら、エミちゃん、素晴らしいよ」

一人さんの指差すほうを見ると、日本海の白波と、そこに浮かぶ佐渡島《さどがしま》が見えました。まるで絵のような美しさです。

山を見上げ、お寺の敷地内の様子だけを見ていた私の目には、その景色が映っていませんでした。お寺に背を向けて、山門の外を眺めたときに、初めて気がついたんです。

私は、感動と驚きで胸が熱くなりました。もちろん、一人さんも感動しています。

私はこの雰囲気を壊すつもりはなかったんですが……。

「このお寺は、こんなきれいな景色をもってるんだ。だけど、この景色は大自然からお寺が借りているものなんだよ。でも、このお寺は、俺たちをこんなに感動させるんだよ。すごいね、このお寺は……」

と、一人さんがつぶやいたとき、私は、

「ん？」

となってしまったんです。それで、

「『お寺が借りている』とは、どういうことなんですか?」

と、一人さんに訊ねました。

「エミちゃん、感動しているときぐらいは、感動していようよ……」

一人さんはそういうけれど、気になることをそのままにしておけない私としては、どうしても知りたい。

そういう私の性格を知っている一人さんは、自分がまな板の上で目打ちをさされたうなぎ状態にあることに気づいたのでしょう、こんなことを話し始めました。


**感動、喜びっていうのは、単純に心の問題なんじゃないかと、俺は思うんだよね。**

**どういうことかというと、俺たち、旅に行って、気に入った景色を自分たちのものにして、自分の名前つけたりするじゃない?**

**「あの滝、エミちゃんにプレゼントするから、あの滝は今日から〝エミ子の滝〟だ」**

とかっていったりするけど、俺たちにとっては、その横にオロチョンの滝って看板が立ててあってもいいんだよね。

俺たちが〝エミ子の滝〟っていえば、俺たちの間では〝エミ子の滝〟でいいんだよ。それが楽しいことなんだから。

楽しいってさ、心が楽しいんだよね。心を楽しませるために、俺たちは、オロチョンの滝を借りて、〝エミ子の滝〟にしたんだよ。

今、俺たちがいるこのお寺もそれと同じだよ。

ところが、人っていうのは、心が楽しいと思うこと、心が喜ぶことを、現実のものにしようとする。

「どうしても、あの滝を、現実に自分のものにしてみせる」

っていうと、ものすごく苦しくなっちゃうのにね。

人って、思っていいものっていっぱいあるのね……。

私はこの一人さんの話に感動してしまい、

「今のはすごくいい話！　もうちょっと聞かせてくださいよ」

と、話の続きをお願いしたのですが、一人さんは、

「今、目の前にある景色は、今しか味わえないよ。あぁ……最高にいい気分だ」

といって、しあわせそうな表情で景色を眺めている。しかたがないので、私も一人さんにならい、再度、あの美しい景色に目を向けました。

このとき、私の心のなかには、最初に訪れた感動以上のものがこみ上げてきて、

「続きを聞きたい」

という思いなど、どこかへ吹き飛んでしまっていました。

## 不満は神さまがくれた遊び

一人さんが自分の事業を成功させ、日本一のリッチマンと世間からいわれるようになった今も、一人さんのこういう性格は変わりません。

一人さんは高級料亭で懐石料理を食べることもありますが、路地裏の小さな定食屋でアジの開き定食などを食べ、

「このアジの開き定食はすごいよ。このアジの開きは、漁師が沖に出てアジを獲って、開いて、塩をして、干して、それを市場で仕入れて、それを焼いて出てきたんだよ。こんなすごいものを食べられるなんて、すごいハッピーだよ」

と、うれしそうな顔。

最近では、電子レンジで「チン」するだけの、一人さん曰く〝チンご飯〟にも感動していて、

「電子レンジってすごいんだよ。科学を総結集させて、チンが可能になったん

だよ。チンこそは、科学の最先端。だから、その〝チンご飯〟もすごい。天下の将軍、徳川家康だって、〝チンご飯〟を食べたことなかったんだよ」

なんていっています。

世間の人のなかには、そういう一人さんのことを、

「不満がないなんて、たいした人格者だ」

という人もいるのですが、

「俺はそんなに立派な人間じゃない。不満に思うことっていっぱいあるよ。それで、人間っていうのは、不満がある動物なんだ。だから、不満があって正常なの」

と、世間の風評などどこ吹く風です。でも、一人さんは、実際、ひと言も不満をもらしたことがない。それが一人さんのキャラクターであることは百も承知ではあるのですが、その一方では、

「こんな矛盾が成り立つんだろうか……」

という疑問も私のアタマのなかにありました。

ある日、その疑問を一人さんにぶつけてみたところ、一人さんはこんなこと

を話してくれました。

俺は、不満っていうのは神さまがくれた遊び、知恵の輪みたいなものだと思ってる。

たとえばだよ。路上で生活している人は雨露をしのぐ家がないことを不満に思う。だけど、そういう生活が嫌だからって奮起する。

それで、風呂なし、トイレは共同の四畳半のアパートに住めるようになって、

「ああ、よかった。しあわせだな」

って、一時期は思うけど、しばらくすると、

「やっぱり、トイレはついてたほうがいいな」

って、不満が出てくる。

夫婦でもそうだよね。自分の亭主がまじめな人間だと、

「おもしろくない人ね」

というけど、亭主が遊んでて、家をかえりみなかったりすると、

「ふざけた亭主だ」

とかいう。

でも、一生懸命働いて、お金を稼いできても、

「お金を稼げばいいってもんじゃないでしょ」

なんだよね。

それで、亭主が総理大臣になっても不満なの。

「大臣になったからってエラソーなことをいうけれど、自分ひとりじゃ何もできないじゃないのよ」

とかって。

それから、病気になると、

「健康がありがたい」

っていうけど、健康な状態がずっと続くと、

「休みの日なのに、家でジッとしているのはおもしろくない」

とかっていい出すんだよね。

だから、人間っていうのは、何をしても不満なの。それが人間、人間は不満だらけの生き物なんだよ。

不満があることが異常だ、じゃなくて、不満があって正常。不満があれば、ほぼ間違いなく生きてる。それが俺の持論なの。

問題は、この不満を嘆くだけになっちゃうか、この不満をどうやって解決するか、どっちをとりますか？　ということだと俺は思うんだよね。

昔と比べたら、今の日本って、車はある、冷蔵庫はある、クーラーはある、何でもある。徳川家康よりもゴージャスな暮らしをしてるんだよ。だけど、それでも不満があるんだよね。

どうしたって不満は残るんだよ。だから、不満を嘆いているだけじゃ苦しいんだよ。

だけど、この不満をどうやって解決しようか、って思えば、人って動き出すんだよね。

そういうことを、「不平多くして、もの流れる」っていうんだね。

不平っていうのは、平らじゃない、っていうことでしょ。

シーソーを思い浮かべてごらん。バランスがとれているときは、シーソーは平ら。そこに玉を置いても動かないよね。だけど、シーソーがグーっと傾いてくれば、玉は動き出す。

幕末だってそうだったでしょ。不平不満が多かった下級武士たちが行動を起こした。だけど、上にいる人たちは満足しているから動かなかった。当然だよね、平らなところで玉が転がるかって、転がるはずないもん。

だから、不満っていうのは、そんなに悪いものでもないの。

それで、神さまは、俺たち人間に不満に思う能力をくれたんだよ。

俺は、そう思ってるの。だから、不満を利用しておもしろく生きる。不満が出てきたら、それを楽しく解決しちゃうゲームにするとか。ついでに人の不満も解決しちゃって、みんなで、

「しあわせだねぇ」

とかいいながら、お互いハッピーになったりさ。

不満っていうのは嫌なもんだけど、嫌だと思ったと同時に不幸が始まる。なくならないものを嫌だと思うか、おもしろいと思うかのどっちかだね。

おもしろいと思えば、いろんないいことが起きる。奇跡なんかいくらでも起きるよ。

それで、俺はおもしろいと思える。何でかって、そういう性格に生まれてきちゃったもん、しょうがないよ。単なるキャラクターの話なんだよ。

それに、こういうことは、いい悪いじゃない。それが証拠に、別にこういう考え方がなくたって生きていけるじゃないか。

あえていうとしたら、こういう考え方はエレベータみたいなもんだね。エレベータがあると三階ぐらいまでスッと行けるけど、エレベータがない時代は、みんな階段で行ってたんだよね。その頃はそれで、足も丈夫だったし、いいこともあったんだよね。

# 心が内に向かうのは悪いことじゃない

学生の頃の話で、私がビックリしたエピソードをもうひとつご紹介しましょう。

一人さんは学生の頃から、常にものごとを肯定的にとらえる人で、どんなトラブルが起ころうとも、

「どうやって解決しようかな、と思うとワクワクする」

といいながら、楽しそうに、そして、見事にトラブルを解決してしまう人でした。

そんな一人さんに対して、私は一度、

「一人さんは落ち込むことがないからいいよね」

といったことがあります。でも、そのとき、一人さんは笑ってこういったんです。

「そう見えるかい？　でも、俺だってたまに落ち込むことがあるんだよ。いいものだよ。魂が内に入るって、すっごく気持ちがいいんだぁ～」

普通、落ち込むと何とも嫌な気分になりますよね。落ち込んでいるときに「気持ちがいい」という人は、おそらくいないでしょう。だから、初めてこの話を聞いたとき、私は心のなかでこうつぶやいていました。

「落ち込んでて気持ちがいいなんて、絶対にありえない。それは一人さんが落ち込んだことがないから、そんなことがいえるのよ」

ところが、です。それから数ヵ月後のある日、誰もいない放課後の教室で、ひとり窓辺の席に座って空を眺めている一人さんを見かけました。

それは、いつも仲間とワイワイしている一人さんとは違う姿でした。私は、いつもと少し雰囲気が異なる一人さんのことが気になり、一人さんに近づいて声をかけました。

「一人さん、ひとりで何をしてるの？」

振り返った一人さんの顔には、穏やかな、実にいい表情が浮かんでいます。

「一人さん、すごくいい表情してるけど、何かいいことでもあったの？」

私がそういうと、一人さんは、こういいました。

「あ、エミちゃん。俺ね、今、魂が内に入ってて、落ち着いてて気持ちがいいんだよ。だから、このまま静かにしていたいんだ」

その瞬間、私は、忘れかけていた「落ち込むのは気持ちがいい」という一人さんの発言を思い出しました。

「一人さん、それ、落ち込んでいるということなんでしょ。でも、一人さんは不思議な人だね。普通、落ち込んでいると、暗い顔をするものなのに、今の一人さんは本当に気持ちよさそうな表情をしてる……」

私は、そういった後、言葉を呑み込んでしまいました。本当は、気持ちよく落ち込めるワケを知りたかったのですが、あまりにも一人さんが気持ちよさそうにしているので、そっとしておいてあげたほうがいいと思ったのです。だから、私は、

「じゃあ、私、帰るね。また明日！」

といい、教室を出ようとしました。その瞬間、一人さんからこのひと言。

「エミちゃん、俺に聞きたいことがあるんでしょ。どうして落ち込んでて気持

ちがいいのか知りたい、っていう顔をしてるよ」

本当に私はそっとしておいてあげたかったのですが、そこまでいい当てられると……。

「うん、本当は聞きたかったの。でも、今、そんな話しててもいいの？」

遠慮がちな（？）私を気づかうように、一人さんは、

「俺ってヘンな人でしょ。ヘンな人がいうことだから、たいした話ではないんだけどね。俺のひとり言でもちょっと聞いていくかい」

といい、こんな話を聞かせてくれました。

**「今、自分は落ち込んでいるんだ」**

**という人がいるけれど、俺は「内に入る」というとらえ方をするんだね。**

**それで、心というのは宇宙と同じで、どっちが上でどっちが下ということもない。宇宙的に話をすると、心はマンダラだから、内に向かうか、外に向かうかしかない、というのが斎藤流なんだ。**

**わかりやすくいうと呼吸と同じなんだよ。息を吸ったり吐いたりするでしょ。**

それと同じで、心も内に向かうときと、外に向かうときがあるんだ。

心が外に向かっているときは、人から、

「キミ、明るいね」

なんていわれたりする。逆に、心が内に向かっているときは、

「どうしたの、暗くなって、落ち込んでるの？」

とかっていわれたりする。それで、落ち込んでいる本人も、

「落ち込んじゃいけない。もっと明るくしなきゃ」

とかって思うんだけど、俺は心が内に向いているときは内に向かわせておくの。だって、心が内に向かうことは悪いことじゃないから。

誰だって、静かに心のなかに入って、休みたいときがあるの。それは悪いことじゃない、俺はそう思うんだよ。

もし、それが悪いことだというなら、息を吐くのはいいけれど、息を吸っちゃいけない、ってことになるよね。それから、二四時間働いて、一時も寝るなということと同じだよね。それ、おかしいでしょ。

だから、心が内に向かうのは自然なことなんだよ。悪いことではないの。内

に向かっているときは向かわせとけばいいんだよ。そうすれば、そのうち自然と外に向かうようになってるから。

試しに息をずぅーっと吸い込んだままにしてごらん。吸い込んだままじゃ息苦しいから、そのうち自然と息を吐くじゃないか。心もそれと同じだよ。

それを悪いことだと思ったり、早く外に向けようとするから、内にある気持ちをつかんじゃって、俗にいう「落ち込み」からなかなか逃れられなくなる。

だから俺は、心が内に向かっているときは、これもよしだな、と思う。それで、人から、

「どうしたの？」

って聞かれたときは、

「今、すっごく心が落ち着いていて、静かで、気持ちがいいんだよぉ～」

って、その人に対しても、自分に対してもいうの。そうすると、人も安心するけれど、自分も安心できるんだよ。

「気持ちがいいんだ。それはよかったね」

とお互いが思えて、ハッピーでしょ。

# 明るい落ち込み方

内に入ることは自然なこと。そうとらえると、確かに気は楽になるかもしれない。だけど、私が落ち込んだとして、一人さんのように、しみじみ、

「気持ちがいいんだぁ〜」

といえるかどうか。私には正直、自信がありませんでした。そのことを一人さんにいうと、一人さんはニコニコしながら、こういいました。

「別に『気持ちがいいんだぁ〜』っていうことが正しいことではないんだよ。俺はそうしたいから、そうしてるだけのことであって……」

でも、私は、落ち込んだときも一人さんのように、

「気持ちがいいんだぁ〜」

といえるようになりたいと思ってしまったんです。そのほうが自分の人生が楽しくなるような気がしたから。

そのことを一人さんにいうと、一人さんは、

「そうかい。だったら、エミちゃんもいえるようになれるといいね。大丈夫だよ、すごくカンタン、誰にでもできるよ。ワクワクしながら内に入れる方法があるんだ」

といい、こんな話をしてくれました。


この話をすると、俺はますますヘンな人になっちゃうんだけど、ヘンな人で結構。誰かに信じてもらおうとも思わない。

ただ、こうやると俺は楽しいんだ。その程度のことだから、参考意見だと思って聞いててよ。ひょっとしたら参考にもならないかもしれないけれど……。

心は内に向かっているときと、外に向かうときがある、という話をしたよね。じゃあ、どうして内に向かうのか、って考えたんだけど、あれは車のバックギアと同じようなものなんだ、って俺は思うんだよね。

バックギアは、バックするためにあると思われがちなんだけど、そうじゃない。だって、ずぅーっとバックしっぱなしだと、エンジンが壊れたりする。バ

ックギアというのは、方向転換するためにあるんだよ。

車を運転してて、

「あっ、行き止まりだ」

ってなったら、方向転換しなきゃいけないよね。そのとき、バックギアを入れて、バックして方向転換する。そうしたら、またスーっと走れるようになるんだよね。

内に入るというのも、そのためのものなんだ。

心が外に向かってても解決しない、要するに隣近所の人と話し合っても解決できない問題っていうのがある。そういうときは、内に入ってよーく考えるの。そしたら、答えは出る。

それで、俺は、内に入るときは神さまと交信しているんだ、と思ってるの。

人っていうのは、みんな、心のなかに神さまがいるんだよ。

その、自分の内なる神と話し合っていると、すごくいい答えがもらえるんだ。

自分にとってもハッピーで、周りの人にとってもハッピーな答えがもらえる。

だから、内に入ったときは気持ちがいいの。今度は、どんな答えをお土産と

**してもらえるかな、みんなのとこへもこのお土産をもっていけるゾ、ってワクワクするんだ。**

「そんなことが本当にできるのかな？　そんなカンタンなことでいいのかな？」

一瞬、私はそう思いましたが、一人さんがあまりにも楽しそうに話すので試しにやってみたくなりました。それでやってみたんですが、本当にいい答えが出るんですね。

それ以来、私は心が内に向かっているとき、こういうことにしています。

「今、神さまは、私に何を気づけといっているんだろう」

そして、その気づきを発見するたびに、自分の魂のステージがまたひとつ上がっていくようで、とても気持ちがよくなるんです。

神さまはお金では買えないステキなプレゼントをもって、いつも私たちを待ってってくれている。私は、そう思っているんですよ。

# 第2章

# 「ツイてない」を「ツイてる」に変える

# 「うつ」の原因は心にあるとは限らない

最近、「うつ」になる人が増加しています。

「うつ」のことを話題にすると、「ストレスの多い社会が悪い」とか、「性格的にストレスに弱いんだ」などといわれますが、一人さんは他の人とかなり違う意見をもっています。

「うつ」は、血液、要するに栄養に問題があるんだ、っていうのが俺の考え方なの。

今の日本人って、血を汚す食べものをたくさんとって、血をキレイにする食べものをとらない。それから、野菜に含まれる鉄分やミネラルが農薬や化学肥料で減っているし、台所にも鉄製のナベとかってないだろ。

そうすると、血から酸素とか栄養をもらっている体の細胞が元気をなくして、ストレスにも弱くなってしまう。

別に俺の意見はどうでもいいんだけど、だけど、体が元気で元気でしかたがないときに、家にじっと引きこもっていろといわれたって、そんなことできるんだろうか？

それから、悩みごとがあって「うつ」になって自殺するというけれど、悩みごとがあっても自殺する人と、しない人がいるんだよね。それで、体にありあまるほどの元気があるとき、果たして人は自殺なんてできるんだろうか？


かなり変わった意見ですよね。精神医学的に正しくないと思う人もいて当然だと思います。でも、これで驚いていてはいけません。「うつ」以外の病気についても、一人さんは世間とは異なる見解を持っています。

以前、私が一人さんに病気の原因を訊ねたとき、一人さんはこういいました。

「この話は別に信じなくていいよ。全員に当てはまるわけじゃないけれど、病気には因果というものが関係していることもときどきあるんだよ」

ちなみに、因果というのは、原因があって結果が出るということですが、たとえば、リウマチについてはこんな因果があるといいます。

「誰かを恨んでいるか、逆に恨まれている。その因果がリウマチという病気になって現れることもたまにある」

また、小児ぜんそくについては、

「親か、おじいさんで、人のことを怒鳴りつけてばかりいる。人が息もできないぐらい怒鳴りつけているから、そのエネルギーが子どもに出ることもたまにあるんだよ」

それから、がんについては、

「がんは、頑固な人がなることもある」

と、一人さんはいうんです。

その話を聞いて、私は何だか恐ろしくなったのですが、一人さんは、ニッコリ微笑んで、

「エミちゃん、怖がる必要はないよ。全員に当てはまるわけじゃないっていったでしょ。それに、特別なことをする必要もないんだよ。人には笑顔で優しく接するとか、普通にしていればいいんだよ。あとは、食事を工夫する程度だよ」

というので、ひとまず安心。ところが、安心したら安心したで、「どうして、一人さんはこんなことを知っているんだろう?」という疑問がわいてきてしまいました。ですが、そのことを一人さんに訊ねても、

「エミちゃん、もう止めよう。商人がこんなことをいっていると怪しまれる。第一、因果じゃなく、本当に体自体の問題のこともあるんだよ」

と、ストップがかかってしまいます。

ところで、一人さんは、私の疑問には答えてくれませんでしたが、病気に因果が関係しているか否かを区別する方法だけは教えてくれました。

「因果の話を聞いて、『あっ、そういえば……』と、パッと思いつく場合は、因果があるんだけど、すぐ思いつかない場合は栄養のバランスの問題。食事をちょっとだけ変えればいいんだよ」

本当に食事だけで解決できるのか……。私には何ともいえません。ですが、栄養のとり方をちょっと変えることで、ちょっとした不調が病気に発展するのを未然に防いでくれたというケースをいくつも見ています。

# 厄年も、ご先祖さまの悪因も恐れる必要はない

世の中には、〝恐れ〟をともなう不思議な事柄がいろいろあります。

たとえば、厄年もそうですし、ご先祖さまの悪因がどうだ、ああだ、といったような話もそうでしょう。

普段は、そういう話を絶対に信じない、といっている人でさえも、何か悪いことが立て続けに起こると、

「やっぱり、厄年だったのかな……」

「お墓の建て方でもよくなかったんじゃないだろうか……」

と、恐怖にさいなまれるケースが少なくないのではないでしょうか。

ところが、一人さんはそういう恐怖をともなう不思議な事柄にも、平然とした態度を崩すことがありません。厄年に対しては、

「厄年？　そんなもの、どうってことないよ。世間にとっての厄年は、俺にと

って飛躍の〝躍年〟なんだ」

また、ご先祖さまの悪因に対しては、

「ご先祖さま、ご先祖さまっていうけど、所詮、親の塊だよ。親は、どんなに出来の悪い子どもでも守ってくれるよ。だから、ご先祖さまって、怖いものじゃないよ。それを墓の建て方がよくないからご先祖さまの機嫌を損ねちゃって、悪いことが起きるんだ、っていう。そういうことは、ありえないんだよ」

という感じです。

それから、こんなこともありました。それは、一人さんと町を歩いていたときのこと。何かの宗教団体の信者らしき人が、突然、近寄ってきて、

「スミマセン、そちらの男性の方に転換期の相が出ているのでお声をかけたんですが……」

と、話しかけてきたんです。そのとき、一人さんは、

「ありがとうございます。お祭しの通り、私はツイてるんですよ」

と、かわしたんです。ところが、その人は、

「でも、転換期の相が出ているときは気をつけないと、悪いほうへ行ってしま

うこともあるんですよ。悪いことが起きないよう、私たちと勉強しませんか?」

といって、いつまでも離れようとしません。そのとき、一人さんが相手の方にいった言葉がケッサクです。

「申し訳ない、私はすでに〝宗教心世界一の会〟に入っているんですよ、ハハ」

もちろん、相手は血相を変えて、走って逃げていきました。

ちなみに、〝宗教心世界一の会〟というのは、宗教団体の勧誘から逃れるために、一人さんが思いついた冗談で、実際にはそんな会は存在しません。

それから、誤解のないよう申し上げますが、一人さんは宗教を否定しているわけではありません。またご先祖さまをないがしろにしてもいい、といっているわけでもありません。むしろ、その逆で、一人さんは神さまが大好きですし、ご先祖さまも大切にする人です。ただ、一人さんは、そういうものにおびえる必要はない、という考え方をもっているだけなのです。


**ご先祖さまや神さまを怒らせないように、って何かをささげたり、あれをしちゃいけない、これをしちゃいけない、って、奴隷みたいなことをやってきた**

けど、そんなことで、本当に人間はしあわせになれるんだろうか……。俺は違うと思うんだよ。

たとえ話だけど、キリストは親の心で磔になったんだよ。それなのに、昔、キリストのために死んじゃった人がいっぱいいたの。

ああいうのは親不孝じゃないか、って俺は思うんだね。だって、親が子どものために命を投げ出すことはあっても、自分のために子どもに死んでくれ、という親はひとりもいないんだよ。親は、子どもにそんなことを絶対に望まないの。

こんなことというと、クリスチャンの人に叱られるかもしれないけれど、昔、歴史の時間でキリスト教徒弾圧の話が出てきたとき、俺はこう思ったの。この絵を踏まないヤツは処刑するといわれたら、踏んじゃえばいいんだ、って。

だって、そんなことぐらいでキリストは怒らないはずだよ。右の頬を叩かれたら、左の頬を出せ、っていうぐらいの人なんだから。そういう心の広い人が、絵を踏んだことぐらいで怒るわけないもん。

それに、自分のためにたくさんの人が死ぬのは、槍にさされるよりつらいからね。キリストはそんなこと望んでなかったはずだよ。あの人は、お弟子さん

たちに向かって、

「生きなさい」

って、いってるんだよ。

他の神さまだってそうだよ。自分のために死んでくれというような人が神さまとしてまつられるわけがない。

だから、おびえるための〝神さまごと〟って納得がいかないんだよ。何てったって、神さま大好き人間、自称・宗教心世界一だから（笑）。

俺はそういう持論でやってきているんだね。その代わり、これは俺の個人的な見解だから、俺の考えが正しいんだ、というつもりもない。

ただし、神さまの名を騙《かた》って人の恐怖心をあおるような人からお誘いを受けても、俺は絶対に負けない。その人が信じてる神さまはやっつける、ということではなく、

「アンタ、商人になりな」

って進言する。

なぜって、商人がカン違いしていると、お客さんがこないでしょ（笑）。

## 根性なしの浮遊霊には、説教しろ！

「恐れ」をともなう不思議な世界を恐れない一人さんと接するうちに、私はそういう世界に対する恐怖心がなくなっていきました。

しかし、アタマのなかではわかっていても、実際に、そういう世界が自分の目の前に現れると、なかなか平然としていられない、ということが昔の私にはありました。

たとえば、浮遊霊に遭遇したときがそうでした。

私は仕事で全国を回らなくてはならず、そのため、一年のうちの半分ぐらいはホテルに宿泊します。すると、ときどき宿泊したホテルで浮遊霊を見ることもあるんですね。

経営者がこんなことをいうのはふがいないとは思います。ですが、ただ浮遊霊を目撃するだけではないのです。金縛りにあって苦しい思いをするし、怖くて一睡もできない。だから霊的なものをひどく恐れていたことがあったんです。でも、このままでは仕事に支障を来してしまうと思った私は、一人さんに、

「誰か、お祓いをしてくれる人を紹介してくれませんか？　そうじゃないと仕事に集中できないんですよ」

と相談してみました。

ところが、一人さんは、申し訳なさそうな顔をして、

「ゴメン、俺、お祓いしてもらったことがないから、そういう人には詳しくないんだ。俺もいろいろ旅してるから、何度もそういう経験しているよ。だけど、別に何ともないからね、お祓いの必要性がないんだよ」

とのこと。

私はガッカリするというより、一人さんも私と同じ体験を何度もしているのに、どうして、一人さんは平然としていられるのかが気になりました。

そのことを一人さんに訊ねると、一人さんはこういいました。

「浮遊霊なんて、どだい根性があるヤツじゃないからね。根性があったら、とっくの昔に成仏してる。浮遊霊って、だらしなく生きてたの、ツイてないヤツ

なんだよ。

だから俺はね、浮遊霊が出てきたときは説教することにしてるんだ。

『オマエ、ツイてないから浮遊霊になったんだゾ。ツイてるツイてるっていいな』

とかって説教すると、大概はいなくなる。それでも、ついたまんまのヤツもいるんだけど、そういう場合は、つけとくんだ。それで、

『これから温泉に行くから、オマエも一緒に温まりな』

とかいって、温泉につかっていると、気づいたときにはいなくなってるよ」

一人さんにならって、私も浮遊霊に遭遇したときは説教をするようにしました。

「いつまでもツイてなさそうな顔をしているんじゃない！『ツイてる』を一〇〇〇回、これを一〇〇〇セット、今晩中にクリアしなさい」

というように……。

今では、浮遊霊のほうが私のことを恐れているとか、いないとか。

# ツイてない人をツイてる人に変える、一人マジック

自分でも余計なおせっかいだとは思うのですが、私は悩みごとを抱えている人を見かけると、その人を元気にしてあげたくて一人さんに会わせてしまうことがありました。

ですが、そのとき、たいてい一人さんは、

「せっかくだけど、ゴメンなさい、私はあなたのお役に立てないと思います」

って、まず、その人に謝るんです。それで、

「エミちゃん、人は人を変えられない、って、俺、いつもいってるよね。それはそうと、この前、こういうおもしろい話があって……」

と、この場にはまったく関係のなさそうなことを、突然、話し始めるんです。

たとえば、就職活動がうまくいかなくて落ち込んでいる人を連れてきたときはこんな感じでした。

この前、テレビで新体操を見てたんですが、そのとき、選手で誰が見ても、

「この人キレイだ」

って思われるような女性と、いっちゃ悪いけど、明らかにそうじゃない女性が出てきたんですよ。

テクニック的には〝そうじゃない〟ほうが上なんだけど、勝ったのは〝キレイな〟ほうだったんですね。

何でかなって考えたんですけど、たいてい、美人は何かといい思いをすることが多いですよね。そうすると、

「ツイてる」

と思っちゃうんですよ。そうすると、ついつい、いい思いしちゃうんですよ。

それで、そのうち、

「いつも、ツイてる。私はツイてる人間なのね」

って思っちゃうんですよ。

そういう人って、ここ一番のときのノリが違う、勝負強いんですね。

ところで、エミちゃん、キミに話さなきゃいけないことがあるんだけど。

今、学校が何教科あるか知らないけど、まぁ七教科としておくよ。学校っていうのは、その七教科で人を見るんだよね。それができないと、

「コラっ、授業中おしゃべりしてるんじゃない！」

とかって、先生に怒られちゃう。

だけど、おしゃべりができれば販売ができるんだよ。いつもニコニコしてれば、受付だってできるの。

生きていく糧を得るための才能じゃなく、成績で評価されちゃったら、みんな、

「自分はツイてない」

って思っちゃうんだよ。

そういう人間だらけになったら、どうしようもないの。ツイてない人間だらけになっちゃ、マズイんだよ。

だって、戦《いくさ》っていうのは、最終的に運の強い人が勝つんだよ。俺たち商人は、今、ここで不況と闘ってる。だから、ツイてる人間じゃなきゃダメなんだよ。ツイてない人っていうのはね、

「自分はツイてないなぁ～」

って思ってるだけなの。そう思ってる人が、ツイてない人。それだけなの。

たとえば、今日はお客さんがひとりも来なかった。そのとき、

「今日はお客さんが来なくて、ツイてないなぁ」

と思ってたら、動けないんだよ。

だけど、ツイてる人間になるのってカンタンなんだよ。

「ツイてる」

っていってれば、自然とツイてる人間になっちゃう。

それで、たいがいのことは解決できるようになってるの。人間のアタマって

いうのは、そういうふうにできているんだよ。

人間に生まれて、ツイてるでしょ。

いつの間にか、話の矛先が私のほうに向かってしまって、私は申し訳なさで

一杯になるし、一人さんも、

「スイマセンね、内輪の話をしてしまって……」

でも、どうしたわけか、悩みを抱えて暗い表情をしていた人は、すごくイキイキとした表情になり、

「斎藤さん、ありがとうございます。勇気が出ました。がんばります」

って、帰っていくんです。その姿を見ながら、一人さんは、

「ほら、エミちゃん、人は人を変えられないでしょ」

と、満面の笑み。私に対して怒っているわけでも、注意しているわけでもなく、ただ、楽しそうにしているんです。

## 「不幸の壁」は薄いところから崩れる

悩んでいる人に向かってアドバイスしているわけでもないのに、なぜか元気にさせてしまう一人さんのマジック。

好奇心が洋服を着ているかのような私にとって、その極意はどうしても知りたいところですが、一人さんは、いつも、

「俺はそんな立派な人間じゃないよ。お客さんに喜ばれることを考えるだけで、もう手一杯なんだ。

その人がスゴイ人なの。どんなにいい話をしてても自分に役立てられない人もいるのに、俺たちのたわいもない会話を聞いてて、自分で気づいて、何かをつかんでいったんだよ」

の一点張りで、全然とりあってくれません。

「でも、何かの宗教団体に入っていた人も、一人さんに会って、話を聞くと、

みんな脱退しちゃうじゃないですか」

私がそういっても、

「エミちゃん、あんまりそういうことを人にいわないほうがいいよ。そうじゃなくても、俺たち、世間から宗教団体だと思われてるんだから（笑）。

こんなことというと失礼かもしれないけれど、宗教団体のメリットって税金が免除されることなんだよね。だけど、生意気いって申し訳ないけど、俺たち商人は税金を払ってるんだよ。税金を払っているうえに宗教団体だと思われて、何か得なことある？　得なことなんてないよね」

というだけです。

でも、私は、引き下がるつもりはありませんでした。

何かの縁で出会った人たちですし、何よりその人たちは私と同様に「ア」字の子ども、神さまの愛から生まれた大切な命。私は、その命を大切してあげたかったのです。

だから、私は一人さんにこういいました。

「どうしても知りたいんです！　一人さんに会った人は、なぜ生まれ変わったかのように元気になるのか……」

　私の勢いがすごかったのでしょうか、とうとう一人さんは根負けして、語り始めました。

俺と会って話を聞いた人が、どうして元気になっちゃうのかは知らないよ。知らないけれど、俺は、自分のことを不幸だと思っている人は、心に「不幸の壁」というものがあるんだ、って考えているんだ。

「不幸の壁」があるから、何でもかんでも不幸なことのように思えて落ち込んだりするんだけど、この「不幸の壁」のどこか一ヵ所に穴が開けば、壁は崩れちゃうんだよね。

　洪水で土手が決壊するときみたいなものだね。一ヵ所、小さな穴が開くと、そこから決壊して、水がバンバン流れてくる。水が流れ出ていってしまえば、川原は干上がってやがて草も生えるし、花も咲くんだよ。

　ところが、人が思い悩んでいることっていうのは、「不幸の壁」の一番部厚いところにあるんだよ。

普通、人はそこに向かって穴を開けようとする。要するに、説得しようとしちゃうの。だから、なかなかうまくいかないんだ。

人っていうのはね、自分で自分を変えることは許せるけれど、他人に変えられるのは嫌なの。それで、悩んでいる人は、

「悩みから解放されたい」

っていうけれど、本当は自分が悩んでいる問題に触れてもらいたくないの。それが人の心理っていうものなの。

ところで、ここからがポイントだと思うんだけど、俺は、その人が悩んでることには触れないで、エミちゃんに向かって話してばかりいるんだよね。それが、「不幸の壁」の弱い部分に小さな穴を開けるんじゃないかと思うんだ。

どういうことか、っていうと、いろいろ雑談してると、

「この人は私に強要しようとしない人だ」

とか思って、それまでかたくなだった心が、ふぁっと開くんだね。人の話を聞こうと耳を傾けてくれるんだよ。そのとき、何かのひと言が「不幸の壁」の弱い部分に小さな穴を開けるんだろうね。

それで、俺とエミちゃんの会話から、自分で何かに気づく。人の話を聞きながら自分で何かをつかみとったんだ、っていったとき、人ははじめて悩みを解決できたうえに、自分に自信ももてる。

だから、俺たちは、悩みを抱えた人が目の前にやってきても、

「何でも解決できる人だね」

っていうスタンスで接してあげればいいの。その人がもってる力を信じていればいいの。

それで、その人に気づきが訪れたとき、

「キミはすごいよ。たいした人だよ」

っていってあげればいいの。そしたら、その人はすごいハッピーなの。それで、その人の喜んでいる顔を見ていると、俺もハッピーなんだよ。エミちゃんも、試しにやってごらん。

この話を聞いてから、私は自分の目の前に悩んでいる人が現れたときに、こういってあげるようにしました。

「大丈夫だよ。あなたなら解決できる、私はそう信じてるからね」

確かに、一人さんがいった通りでした。この言葉には、人に勇気を与える力があるようです。

「あのとき、エミ子さんからもらった言葉で、私はチャレンジしようと思えました」

そういっていただけるんですよ。そして、そのときは私も、ものすごくハッピーになれるんです。

でも、私はまだ師匠の域には達していません。

一人さんはこういうんですよ。

「俺から気づきをもらったと思わないで帰っていく姿を見たとき、俺は最高にハッピー」

## コラム◎噂の「ツイてるカード」、その不思議……

今、〝まるかん〟では、「ツイてるカード」をご来店の方たちと楽しんでいます。一人さんが書いた心がほっこりする言葉のカード（全八八枚）のなかから、ピンときた一枚を引く、という遊びです。遊びなんですが、なぜかみなさん元気になって、どんどんツイてる人になってしまうんですよ。

### 二〇代の女性

失恋した後、「ツイてるカード」を引きました。失恋の痛手から立ち直れずにいましたが、自分が引いたカードのメッセージを読んだ瞬間、気分が明るくなりました。お店の人に「ステキな笑顔ですよ」といわれたこともうれしかったです。

## 四〇代の男性

それまでの私はマイナス思考で、周りから「暗い人」といわれていました。ところが、「ツイてるカード」を引くようになってからは、前向きな考え方をするようになりました。また、カードに書いてある一人さんのメッセージを実践していくうちに、ツイてることがバカバカ起きるようになりました。

## 小学二年生の男の子のお母さん

ウチの息子は、何をするにもツイてます。この前、〝まるかん〟のお店で「ツイてるカード」をやったら、「ツイてる」というメッセージのカードを引き当てました。その瞬間、店内はどよめきの声。「お母さん、ツイてるお子さんをもってツイてますね」といわれ、しあわせな気分になりました。

**伊藤孝晃さん（二〇代後半）**

和食の板前をしています。私が勤めているお店の近くに〝まるかん〟のお店があるので、毎日「ツイてるカード」を引きに行き、元気と勇気をもらっていました。何かいいことが起きそうだなと思っていたら、クアラルンプールのホテルNから「副料理長として働かないか」と誘われました。こんな大きなチャンスが来るなんて、本当にツイてると思いました。

# 災難の雪ダルマ状態は「守護霊お休みの日」

自分の身に災難がふりかかったとき、人は、

「どうして、私だけがこんな目に遭わなきゃいけないいんだろう」

などと、嘆いたりするものです。

しかし、一人さんは、よくこんなことをいいます。


災難というものはいきなりポンと来るものだと思っている人もいるけれど、「命」という字は、「人は一度は叩かれる」と書く。だから、俺は生きていれば、一度はそういうことが起きるものなんだ、と思っている。それで、災難というものは、必ずその人に学びを与えてくれるものなんだよ。

私・柴村も、何度か災難を経験してきましたが、そのときは、

「一度は叩かれるものなんだ」

「自分に未熟なところがあったから、一度じゃ済まなかったんだ。今度は、何を学ばなきゃいけないんだろう」

と、考えてきました。

ところが、一度にいくつもの災難に遭うと、こういうふうには考えられなくなってしまうものなんですね。

今から、十数年前のことです。朝から晩まで、災難が立て続けに起こったことがあったんです。

仕事で泊まったホテルでクリーニングを頼んだら、白かったものが真っ青に染められてしまったとか、歩道を歩いていたら、いきなり自転車がぶつかってきたとか。とにかく、小さなことから大きなものまでトラブルが次々と起こるんです。そうなると、段々不安になってくるんですね。

「今日の私は、すごくツイてない。また悪いことが起きそうな気がするわ……」

みたいなことを考えて、その予想通り嫌なことばかりが起こる。そんなことが繰り返し、繰り返しあるものですから、そのうち私は自分に自信がもてなく

なり、やがて、

「私がツイてないから、周囲の人にも迷惑をかけている。私がみんなに災難を撒き散らしているようなものだわ」

と、自己否定するようにまでなってしまいました。そんな状況で、私は次の予定の場所へ向かったのです。

その場所は、とある駅の改札口。その日は、午後から一人さんと旅に行くことになっていて、そこで集合することになっていたんです。ところが、待ち合わせの場所に時間どおりにたどり着いたのに、三〇分経っても、一時間経っても一人さんは現れない。一人さんは時間厳守の人ですから、今までこういうことは一度もありませんでした。

「私が待ち合わせの場所を間違えたんだろうか……」

と、心配になって、スケジュール帳を確認しようとしたそのとき、

「エミちゃん、ここにいたの」

一人さんの明るい声が聞こえました。

「なかなか姿を現さないから、俺、もう帰ろうと思ったんだよ。ほら、向こう

の改札口、俺、あそこでずっと待ってたんだよ」

やはり、私が待ち合わせの場所を間違えていたようです。

「スミマセン。私、一人さんにも災難を撒き散らしたみたいで……」

私は今日一日の出来事を話しました。

一人さんは、きっと、いつものように笑って否定してくれるに違いない、私は心のどこかでそんなことを考えていましたが、この日の一人さんは違いました。

「エミちゃん、悪いけど、キミの様子を見ていると、今日は帰ったほうがいいと思う。今度来る電車に乗って帰りな。

でも、大丈夫だよ、心配ない。気にする必要はないけど、今日は、普段エミちゃんのことを守ってくれている守護霊さんがお休みしているんだよ。

こういうことは一生のうち、一度あるかないかぐらいのことだけど、でも、大丈夫だよ、せいぜい一日だけだからね。

家に帰って、ひとりでのんびりと本でも読んでいればいい。神さまの愛を感じられるような本を読んでいれば、全然怖くないよ」

そうやって、私たちは別れたのですが、駅のホームでポツンと取り残された私は、見えないものの存在を感じて恐ろしく、足が動かなくなって、一人さんにいわれた電車に乗ることができませんでした。

しかし、このままいても、どうにもならない。私は意を決して、電車に乗りました。ところが、です。

私が乗った電車で人身事故が起きてしまったのです。しかも、私が乗った車両の下で……。

私の恐怖は最高潮に達し、体じゅうがふるえ出しました。電車を降り、駅から自宅までの徒歩約五分の道のりを歩いているときも、普段なら気にもとめない、野良猫の影や風の音などにもおびえていました。

あまりの恐怖のため、周りの現実がまったく目に入っていなかったのでしょう。遠くで車が急ブレーキを踏む音がして、ハッとしたとき、私は自分が赤信号で渡っていることに気がつきました。

「危ない！」

一瞬の出来事でした。私が回転レシーブのようにうまく身をかわしたのか、それともすんでのところで車が停まってくれたのか、よく覚えていません。

さいわい、ケガは足に擦り傷をおった程度で、私は生きていました。傷口が痛みますし、しっかりと立つこともできます。

「私、生きているんだ」

私はそう思いながら、夜空を見上げました。夜空には無数の星がきらめいています。

「神さまが創ったこの広大な宇宙の、悠久の時と比べたら、守護霊お休みの日なんて、神さまのまばたきみたいなものなんだろうなぁ……」

私は、ひとり、そうつぶやきました。そして、そのとき、私のアタマのなかに、こんな考えがふと浮かんできたのです。

「この宇宙は神さまが創った。そして私のこの命も、神さまから授かっている。私は、私の意思ではなく、神さまの意思で生かされている。そうだ、一人さんが怖くないっていったのは、こういうことなんだ。わかった、わかったゾ！」

そうと気づけば、いつまでもこんなところで時間をつぶしてはいられません。

「早く家に帰ろう。そして、もっと神さまの愛を感じる本を読もう」

私は、擦り傷の痛みも忘れ、スキップしながら家路を急ぎました。

## 恐怖がツキを奪っていく！

恐怖から解放され、無事自宅へたどりついた私は、神さまの愛を感じる本をむさぼるようにして読み始めました。

手にとった本たちは、私に、生かされていることの意味、命の尊さ、そして、周囲に愛が満ち溢れていることへの気づきをうながしてくれました。

そんな気づきで私の心は高揚していたのでしょう。その夜は眠りたいとも思わず、また、空腹感もありませんでした。気がつくと、時計の針は翌日の正午を指していました。

「会社に出なきゃ……。でも、当初の予定では一人さんと旅に行くことになっていたから、今日はこのまま家にいて、神さまの愛を感じる本をもっと読んでいよう」

私はそう思い、そのまま夕方まで本を読み続けていました。

日が暮れて、部屋のなかが薄暗くなってきたので照明をつけ、しばらく時間がたった頃、

「ピーンポーン」

玄関のチャイムが鳴りました。急いで玄関へ行き、ドアののぞき穴をのぞくと、そこには私の会社のスタッフが立っていました。

「あれ？　どうして私が家にいることを知っているんだろう……」

私はそう思いつつ、ドアを開けると、スタッフは私の顔を見ていきなり、

「社長、大丈夫ですか！　先ほど一人さんから電話があって、様子をうかがいにきたんですが、社長、目の下にクマができてますよ。どうかしたんですか！」

と、驚きの声を発しました。私はその様子に驚き、鏡に自分の姿を映してみました。なるほど、確かに目の下にクマができていました。

「本当だ、ハハ。ゴメンなさい、心配かけて。それから、ありがとう。それはそうと、あなた、今日も遅くまで仕事してたんでしょ、私は大丈夫だから、早く帰りなさい」

私はそういいましたが、その子は、

「いいえ、社長がちゃんとお休みになるのを確認するまで私は帰りません。心配なんです、放っておけないんです」

と、ガンとしてゆずりません。

でも、そうやっていいはる様子を見て、私は胸が熱くなりました。こんなに、私のことを思ってくれるスタッフがいる、ありがたい。心底、社長業とはこんなに素晴らしいものかと思いました。それと同時に、

「私は、この人たちが不安を抱くことなく、しあわせに暮らしていけるようにしなくてはいけないんだ」

との責任の重さをも認識させられました。

それからほどなく、一人さんから電話がありました。私は、あの後、自分の身に降りかかったこと、そしてその間の心の動きを一人さんに報告しました。

「エミちゃん、よかったね。すごいよ、その気づきは」

その声の調子を聞いて、電話の向こうでうれしそうな顔をしている一人さんの顔が浮かんできます。

「一人さん、今回のことで、私、わかりました。恐怖がどんなにツキを奪うも

のなのかということが。でも、私はもう怖くないんです。神さまに生かされていることを知ったから。

それから、私の周りには一人さんやスタッフたち、私のことを思ってくれる人がいる。すごくありがたい人たちを、神さまは私の周りに置いてくれている。そういう人たちをもっと大切にしていかなきゃね」

私がそういうと、一人さんはこんな話をしてくれました。

**そうやって思えるようになったら、もう大丈夫だね。**

**交通事故のことを災いだ、という人もいるんだけど、こういうことというと、世間の人に怒られちゃうかもしれないけれど、災いでなく、不注意じゃないの？　っていうのが俺の考えなんだよ。**

**信号が青になれば渡れるけれど、俺は信号が青でも左右見てから渡るよ。だって、信号が青なら事故が起きないというのなら、信号機さえつけておけば事故がなくなるはずだよ。でも、現実はそうではないんだよね。**

**それから、人にだまされてお金をとられたっていうのも、災いではない。お**

金をもつということは、お金をもっただけの知恵をもたないといけない、と俺は考えて、それなりに知恵をつけてきたよ。

もちろん、俺がいっていることは正論ではないし、人に強要するつもりもない。ただ、俺が、あのとき、東京で別れたときに、一番いいたかったことはこういうことなんだ。

何とかなるものは、何とかするだけの知恵を出す。だけど、どうしても避けられないものは、考えない。

地震とか、突発的な事故ってあるでしょ、道を歩いていたら空から何かが落ちてきたとかさ。それって、どうやっても避けられることではないよね。そういうことを考えていても、どうにもならないんだよ。そんなことを考えているだけ、苦しくなる。

災いはいつ来るかはわからない。今、それを考えていたって、何もいいことないよ。どうしても考えたいんだとしたら、そう、

「ツイてる人間だから、災いは来ない」

って、考えるしかないよ。

でも、そんなことしなくても、ちょいと気をつければ、たいていの災いは避けられるものだよ。

エミちゃんは、守護霊お休みの日で、そのことを学んだんだね。エミちゃんはツイてる人だね。

俺もツイてるよ、ツイてるエミちゃんと出会えてさ。

# 「ツイてる」という言葉がくれたもの

「ツイてる」

私は、この言葉を毎日一〇〇〇回口にすることを日課にしています。

師匠である一人さんがこの言葉を口グセにしているからではありません。年に一度か二度ぐらいしかいうことのない、この言葉を、毎日一〇〇〇回口にすることが楽しく、また、この言葉をいっていると、エネルギッシュになるからです。

ですから、私は自分の会社のスタッフたちにも、この言葉をできるだけ口にするように勧めています。

そのことを知った一人さんからは、

「エミちゃん、俺はこの言葉が好きだからいってるだけなんだよ。だから、人さまに強要するのはどんなものかと思うけど……」

といわれたのですが、私は〝鳥小屋論〟という持論をもつ師匠の下で修行を積んだ弟子ですから。

でも、かつて、一時期、私にはこの言葉をいわなかったことがありました。

「この言葉の力をかりなくても、今の私にはすべてのことを肯定的に考えられる」

というような過信が、心のどこかにあったのかもしれません。

ところが、あることがきっかけで、「ツイてる」という言葉の不思議な力を再認識し、日課として毎日一〇〇〇回口にするようになったのです。

そのきっかけとは、ある日突然、自分の身に訪れた体調の変化。

元々、私は体育会系ですから、体力にすごく自信があったんです。今日は沖縄、明日は北海道で、睡眠時間は二、三時間、というようなビジネスライフも難なくこなしていましたし、それが大変なことだとも思っていませんでした。

よく、〝まるかん〟以外の方たちから、

「〝まるかん〟の人たちは、ものすごくバイタリティーがありますね」

といっていただくのですが、そのなかでも私はナンバー・ワンだといわれるほどだったんです。

それなのに、あるとき突然、自分の体が思うように動いてくれなくなったんです。

日中は、スタッフたちの前でハツラツとしているふうを装いつつも、体が重くて、重くてしかたがない。朝、ベッドから起き上がるのにもひと苦労です。

「まさか、この私がこんなことになるなんて！」

私はショックでした。しかも、

「疲労感があるということは肝臓病かしら。それとも、糖尿病かもしれない」

知らず知らずのうちに、悪いほう、悪いほうへと考える自分がいる。そのこともまた大ショックでした。

「悲観的になるなんて、どうしたんだろう……。私は、ツイてる人間じゃなかったのかしら？　いや、ツイてる人間に違いないわ。じゃあ、どうして悲観的になるの？」

そうやって自問自答していました。ところが、

「ん？　ツイてる……。そうだ、私、最近、この言葉をいってなかったわ。こ

れだ、『ツイてる』っていおう」

その瞬間、私はベッドから飛び出し、

「ツイてる、ツイてる、ツイてる……」

と、いいました。

案の定、テンションが上がってきました。そして、このハイテンションに乗じ、自宅マンションのプールで思いっきり泳ぎました。

泳いだ後、私の体には心地よい疲労感がやってきました。まだ日暮れどきでしたが、すぐ眠りました。いつもは睡眠時間は三、四時間ぐらいですが、その日は一〇時間以上眠ったでしょうか。翌朝は、もう気分爽快。体も元気です。

そのとき、私は、実感しました。

「今まで、自分は人より体力があると思っていたけれど、実際のところ体は無理してがんばってたんだな。だから、ここにきて、その無理が噴き出してきたんだ。ただ疲れていただけなんだ」

と。それから、体に疲れがたまってくると、だんだん不安になってくることもわかりました。人生を明るくとらえるには、体も大事なんですね。

そして私は、自分の体に、こういいました。

「ありがとう、私の体。これからは、もうちょっと大切にするからね」

そうしたとき、私のアタマのなかにある気づきがヒョコッと出てきたんです。

その気づきというのは、人生に無駄なことはひとつとしてない、ということ。

昔の私は、落ち込んで元気がない人に対して、

「がんばって明るい気持ちをもち続けないといけないよ」

ということをいってたんですね、元気づけるつもりで。

ところが、自分が体調を崩したとき、その現状を何とか克服しようとしていた自分がいました。そして、その努力が反映されない現実があった。

「みんなも、がんばってたんだな。もうちょっと、思いやりのある言葉をかけてあげればよかった……」

と、私は反省しました。でも、そのとき、

「人生って、おもしろいな。ひょんなことから、気づきって出てくるんだ。ときには『内に入る』のも、いいもんだな」

とも思い、とてもハッピーな気分になりました。

## どんな仕事でも楽しめるのが「成功者」

「ツイてる人間は、どこまでもツイている」

一人さんはそういいます。

この言葉の通り、あの気づきのすぐ後、私にはツイてる出来事がありました。

あの後、私は仕事で上京し、タクシーに乗りました。

「赤坂プリンスまで行ってください」

と、私が行き先を告げると、運転手さんがふり返って、私の顔をじぃーっと見るんです。それで、何を思ったのか知らないけれど、外国人のイントネーションで、

「アカサカプリンス、デスネ」

というんです。

でも、その運転手さんの顔は、どう見ても日本人なんです。私は不思議に思い、

「運転手さんは、外国の方なんですか？」

と訊ねるのですが、運転手さんは、

「イイエ、ワタシハ、ニホンジン、デス」

という。それで、さらに
「どうして、そんなことするんです？　いつもそんな調子なんですか？」

と質問すると、

「ワタシハ、コウイウノ、スキ、ナンデス。デモ、イツモ、コウデハ、アリマセン。オキャクサンノカオ、ミテ、オキャクサンニ、アワセマス」

その、お客さんに合わせて、っていうのが、私としては、うれしいような、悲しいような……。でも、その運転手さんとの会話はメチャクチャ楽しい！

いろんなことをお話ししたんですが、そのうち仕事の話題になり、私が〝まるかん〟の仕事をしていることを話したんです。

すると、その運転手さんは驚いて、今度は日本語口調で、

「エッ、あの斎藤一人さんの〝まるかん〟ですか？　私、斎藤さんのファンで、本、全部もってます。何十回も読みました」

この人はスゴイ……。私はそう思いました。というのも、一人さんの弟子である私ですら、一人さんの本を何十回も読みませんから。

でも、もっとスゴイと思ったのは、運転手さんのこの言葉。

「私、お客さんに合わせて、楽しいことをやるのが好きなんですよ。おもしろくなさそうな顔をしたお客さんが乗車してきても、『今この場を、どうやって楽しんでもらおうかな』って考え、それをやっています。そうすると、仕事が楽しいんですよ。二四時間楽しいですね。寝てる間も楽しい夢を見るし、朝は喜びで目覚められるんです」

タクシーの運転手さんは、楽な仕事ではないと聞きます。それなのに、この運転手さんはそこに楽しさを見出し、人を楽しませようとしている。

一人さんは、いつも、

「どんな仕事でも、それを楽しくやっちゃう人が成功者なんだ」

といいますが、この人はまさしく成功者でしょう。

そして、私は、つくづく思いました。

「人はみな、しあわせになるために生まれてきたんだ。だから、私もあの運転手さんみたく、どんな状況にあっても楽しさを見出し、人に楽しさ、喜びを与えられる人間でありたいな」

そして、そう思わせてくれた運転手さんに感謝の気持ちでいっぱいになりました。うれしさのあまり、私は一人さんにそのことを報告すると、一人さんはニコニコしながら、こういっていました。

「確かに、その人は成功者だよ。考え方でこれだけ自分の仕事を楽しくして、人生を楽しくして、人さまも楽しくしちゃえるなんてスゴイ！

こういう考え方は、俺たちの仕事でも、何にでも応用できる。この話を聞けてツイてるな、俺も真似するよ。

他の場所にも、その運転手さんみたいな成功者はたくさんいる。パートの人でも、交通整理の人でもいるんだよ。

俺に学ばせてくれる人がいっぱいいる。生まれてきてしあわせだと思うよ」

私も、これからもっとたくさんの成功者に出会いたいと思います。そして、いいことはマネびたいと思います。みなさんの周りに、楽しいことをやっている人がいたら、ぜひ紹介してくださいね。

# 真似をしても世界でひとつのあなた

あのタクシー運転手さんとの出会いがきっかけで、私は「ツイてる」という言葉を毎日一〇〇〇回口にすることを再開しました。

また、昔、一人さんから教わった「しあわせ数え」が、最近おろそかになっていることにも気づき、これも再開することにしました。

ちなみに、「しあわせ数え」とは何かというと、身の回りにある、小さなしあわせを数えましょう、というものです。ゲームみたいなものですが、

「小さなしあわせを数えていくと、やがて、それが感謝に変わるよ」

と、昔、一人さんがいってました。

**しあわせ、っていうのは、みんなの心のなかにある。それに気づけばいいだけなの。**

じゃあ、どうやって気づくのか、っていうと、これはあくまでも俺流のやり方なんだけど、自分はゼロベース、「0」を基準にして考えるんだね。

「〝チンご飯〟はすごい」

「今日はちょっとだけ人に優しい言葉をかけられたような気がする」

「今日はちょっとだけ人に明るい笑顔で接することができたような気がする」

とかさ。

そういうことを数えていくと、俺はものすごく心が豊かになって感謝したくなってきちゃうんだよ。

ただし、これは俺のやり方だよ。人がしあわせに思うところは、それぞれ違うからね。自分がやりやすい方法でやるのがいいんだよ。


一人さんは、自分がやりやすい方法でやればいいといいますが、私の場合は一人さんを真似て、「0」を基準にしてしあわせを探すことにしています。

というものの、この話を聞いたのは私が一八歳のとき。当時の私には、しあわせがどういうものであるかがよくわからなかったからです。

でも、ただひとつ、未熟な私にもわかることがありました。それは、一人さんはしあわせで、楽しい人生を送っている、ということ。

「一人さん、私も一人さんの真似をして、ゼロベースでしあわせを探してみようかな。でも、人の真似するのはよくないのかな……」

私がそういうと、一人さんは笑ってこういいました。

エミちゃんのしあわせ探しのヒントになるなら、そうすればいいじゃないか。それでダメでも、また別のヒントをつかまえればいいだけのことだよ。

何でも、「独自に」「自分の個性を出して」ってやってると、自分が苦しくなっちゃうよ。

いいヒントは周りにいっぱいある。自分が、「これはいいことだ」と思ったら、真似すればいいんだよ。

いいことを真似するのは当たり前なの。いいことはどんどん真似しよう。

それで、真似をしたら自分の個性がなくなるわけじゃないよ。

学校でも、みんな同じ制服を着るけど、スズキくんはスズキくんだってわか

るでしょ。後ろから見てたって、

「おーい、スズキくーん」

って声かけるじゃない？

それが神さまから与えられた、個性というものなんだよ。そして、その個性というものは、どんなに真似ても同じにはならない。

それで真似たからといって、手本にした人よりも自分が劣るということはないの。もっとすばらしいあなたができあがるんだ。

だから、いいことはどんどん真似ればいい。真似ることは楽しいことだよ。

それで、そうやってると、自分がやりたいことも出てくるようになってる。

そこが人生のおもしろいところで、楽しいところでもあるんだ。


ところで、これは蛇足ですが、最近の一人さんはこんなことをいっています。

「昔、ロン毛はキムタクのトレードマークだったけど、武田鉄矢だってロン毛だよね。でも、キムタクと武田鉄也を間違える人はいなかったよね」

確かにその通り。十分すぎるほど、個性が出てて……。

## やっぱり、困ったことは起こらない！

私は、「ツイてる」という言葉を毎日一〇〇〇回いい、「しあわせ数え」を再開しました。

すみきった青空を見て、キレイだなぁ、って思えたこと。仕事の後、お酒を飲みながら、仕事や人生について語り合える仲間がいること。

その他、いろいろな、しあわせを数えていくと、三〇個もありました。

それから、そうそう、

「しあわせは心のなかにある」

という話をはじめて聞いたときの私は、たった一個の小さなしあわせにも気づけなかった。だけど、今は三〇個も見つけられました。このことも、しあわせ。一個追加です。

こんなにたくさんのしあわせを感じられるのは生きているからこそ。「生きる」ことの尊さを実感しています。あっ、また一個追加。合計三二個です。

でも、そういうと、みなさんのなかにはこう思う人がいるかもしれませんね。

「こういうふうに考えられるのは、あなたが日々何事もなく暮らしているからでしょ」

確かに、それも一理あるかもしれません。以前の私も、何かしらのアクシデントが起こったときは、目の前のことで精一杯になってしまい、「ツイてる」ということも、「しあわせ数え」をする余裕もありませんでしたから。

ですが、一人さんもいっていたように、やっぱり、人間って、あっちぶつかり、こっちぶつかりしながら成長するものなんですよ。

たとえば、最近、こんなことがありました。

長野で、特約店さんを集めての定例会が開催されることになり、私はバスでその会場へ向かいました。ところが、道中、そのバスが踏み切りに突っ込み、動かなくなってしまいました。

私は、万が一、道路が渋滞したときのことを考えて、時間に余裕をもってそのバスに乗ったのですが、それがアダになってしまい、定例会の時間に遅刻することになってしまったんです。もちろん、私は、イライラしていました。

ところが、このときの私は、ふと、

「そうだ、こんな状況のときこそ、『ツイてる』だね」

と思ったんです。それで、

「ツイてる、ツイてる……」

と、いってると、アタマが勝手に動き出しました。

「この問題が起きたことで、困ったことは何だろうか。

私は定例会に遅れるかもしれない。遅れたことでどんな支障が出るだろう。

忙しい合間をぬって集まってくれた人たちは気分を害するだろうな。それで困るとは、どういうことだろうか。

そのために、この先、会社が傾くわけじゃない。私もスタッフも食べていけなくなるわけじゃない。困ったことはない。でも、特約店さんたちに不快な思いをさせることだけは確か……。いや、違うな。私がいなくてもスタッフたちにできることがあるはず。そうだ、やっぱり私には困ったことは起こらないわ」

その瞬間、私は、携帯電話を手にしていました。

スタッフたちにこの状況を報告すると、電話の向こうから動揺した空気が伝わってきます。ですが、

「みんな、慌てることはないからね。定例会には遅れるかもしれないけど、必ず私は行けるから大丈夫だよ。それと、私が到着するまでの間、みんなにできることがあるでしょ。それをやっといて」

と、私がいうと、落ち着きを取り戻したようで、

「はい、わかりました。ツイてるから大丈夫です」

と、明るく答えてくれました。

そのスタッフたちの力を信じ、そして、バスの運転手さんのことも信じて、バスが動き出すのを待ちました。

そして、このとき、もうすでに、私の心からイライラはなくなっていました。

それだけではありません。当初は修理に一時間かかるといわれていたのが、三〇分で終わり、バスが動き出しました。それでも定例会には遅れてしまったのですが、その間にスタッフたちがゲームをやるなどして場を盛り上げてくれていました。

そんなところへ私が登場したものですから、私もスピーチがしやすく、内容の濃い話をすることができました。

定例会終了後、参加してくれた方たちから、

「今日のエミ子社長の話は、すごくおもしろかったし、タメになりました」

と、喜んでもらえました。

そのとき、私は、昔、一人さんが教えてくれたことを思い出していました。

**困った現象は、俺たち人間が、魂を成長させてしあわせな人間になるためのプレゼントだよ。だから、困ったことが起きたときは、**

**『困ったことは起こらない』**

**という気持ちをしっかり保って、現実に立ち向かうんだよ。そうすれば、困ったことは起こらないよ。**

私はしみじみと実感しました。

やっぱり、困ったことは起こらない、というのは本当なんだな、と……。

# 人はみな、困難を乗り越える「ア」字の子ども、とは？

生きていると、自分の予想に反するいくつもの出来事に遭遇します。

たとえば、Aという場所からBという場所までタクシーで移動するのに、いつもは一〇分しかかからないはずが、ときには渋滞に巻き込まれて三〇分かかってしまうとか……。

それから、科学の力をもってしても予期できない出来事というものもいろいろあります。地震などといった、いわゆる天災がそうです。

ところが、信じられないことに、一人さんは、科学の力をもってしても予期できない出来事を事前にいい当てたこともありました。

それは何かというと、一九九五年に起こった阪神・淡路大震災です。

本当にこれは不思議な話で、誰も信じてくれないのですが、震災の数日前、一人さんは旅先でこんなことをいっていたんです。

「いきなりこんな話するのもなんだけど、この前、八戸、八の戸に地震があったよね。それで、その次は水戸沖、水の戸に地震があった。この他に戸がつく場所といったら、神の戸。次は神戸に地震が来るかもしれないよ」

もちろん、私には一人さんの言葉が信じられませんでした。関西には、地震がないものと思っていたからです。そのことを一人さんにいうと、一人さんはこういいました。

「災いは忘れた頃にやってくる、っていうよ。むやみに怖がるのもなんだけど、そういうこともあるんだよね。だけど、エミちゃんの顔には死相も出てないし、大丈夫だね……」

一人さんが「大丈夫」といった以前に、私は関西には絶対に地震はないとかたく信じていたので、そのことについて深く追及しませんでした。そして、私は大阪へと戻ったのですが……。

ところが、何がどうしたのか自分でもわからないのですが、胸さわぎがしてしょうがないんです。別に急ぎの用事があるわけではないのに、なぜか早く仕事を片付けなきゃいけないような気がする。

仕事を片付け、夕方、自宅に戻ってからも、このままここにいてはいけないような気がしてしょうがない。二日後には仕事で上京する予定にはなっていましたが、別にその日の夕方に上京する必要など何もないのに、

「東京に行かなきゃいけない」

と思ってしまうんです。

自分で、自分をおかしいと思いましたが、いてもたってもいられず、すぐ東京の知り合いに電話をして泊めてもらうようお願いし、最終の新幹線に乗って東京へと向かいました。

そして翌朝、おきぬけの私のアタマに、知り合いの人のこんな声が響き渡りました。

「柴村さん、大変よ。神戸で地震があって、長田区あたりがすごいことになってるんですって。大阪のほうは大丈夫らしいけれど……」

一瞬、私は、これは夢だと思いました。でも、残念ながら、それは現実以外の何ものでもありませんでした。

私は、スタッフのことが気になって、大阪の本社へ電話しました。

スタッフたちの生存は確認されましたが、なかには地震で自宅が倒壊してしまった人がいるとのこと。

「社長、申し訳ありませんが、社長のご自宅を避難場所として使わせていただけないでしょうか」

そういわれ、私は気軽に承諾しましたが、スタッフたちが私の自宅マンション（一五階）に行くと、マンションには亀裂が入り、裏手にあったビルも倒壊。もちろん、私の自宅内部も、タンスから食器棚まで倒れ、メチャクチャになっていたとのこと。

「食器は全部粉々になってしまいましたので、申し訳ありませんがすべて処分しました。でも、社長、ツイてましたね。あのまま社長がマンションにいたら、タンスの下敷きになってケガをしていたか、最悪、亡くなっていたかもしれませんね」

とはスタッフの弁。

本当に、私はツイてる人間だと実感しました。でも、またここで疑問浮上です。

「どうして一人さんは、神戸に地震が来ることがわかったんだろう？」

そのことを確めるべく、一人さんに電話で問いただしたのですが、

「俺、そんなこといったっけ？　ゴメンね、覚えてない。たぶん、エミちゃんのことを守ってくれてる守護霊か何かが、俺の口を借りてエミちゃんにそのことを伝えたんじゃないの？　だから、俺より、エミちゃんのほうがすごいんだよ」

と、一人さんはきょとんとした様子。そして、私も、しばし呆然。

しかし、誰が当てたとか、どうやって当てたとか、そういう話をしているときではありませんでした。

「ああ、そうだ、それより、対策、対策。すぐ大阪へ戻って、陣頭指揮とらなきゃ。いつか、このことについてはとことん話し合わせてくださいね」

そういって、私は受話器を置き、大阪へ戻りました。

「俺たちは『ア』字の子どもだからね。どんな困難も乗り越えられる。信じてるよ」

電話の最後に一人さんがポツリとつぶやいた、この言葉を胸に抱いて……。

# アタマは「ア＝神の知恵」がたまっている

「ア」字の子ども、って何だ？　そう思われた方も多いと思いますので、ここでこの言葉についてのエピソードを紹介しましょう。

この言葉を一人さんから初めて聞いたのは、学生の頃。若い頃にはよくあることですが、当時の私は「死」というものが怖くてしかたがありませんでした。

その恐怖から解放してくれたのが、一人さんのこんなひと言。

「大丈夫、『死ぬのが怖い』っていっているうちは死なないよ」

この言葉に驚いた私は、一人さんが何をいわんとしているのかが知りたくて、じぃーっと一人さんの顔を見つめるのですが、相も変わらず一人さんはきょとんとしている。

そのうち、何だかわかりませんが、おかしくなって笑ってしまいました。

「俺、何かおかしなことでもいったかな？」

と、一人さんも一瞬心配そうな表情を浮かべましたが、私につられて大笑い。

そして、その後、こんな話をしてくれました。

ひ今からする話は、おとぎ話だと思って聞いててね。

この宇宙の中心を「ア」というんだよ。人によっては、それを大日如来とか、ルシャナ仏とか、アラーとかいったりするんだけどね。だけど、あまりにも偉大だから、あまりにも表現のしようがない。だから、「ア」という字で表す。

俺たち人間は、「ア」という字の子ども。「アジの子ども」……？　それはさておき。

「ア」字の子が、「ア」字の国を出でて、再び帰る「ア」字のふるさと。

どういうことか、っていうと、「ア」という字を神さまという言葉に変えればいいんだよ。つまり、こういうことだな。

神の子が、神の国を出でで、再び帰る神のふるさと。

人の生き死にって、ただ、そういうことなの。俺たちは、神の国から出てきて、そのふるさとへ帰っていくっていうこと。それ以上は表現のしようがない。

この考え方で納得していただける人もいれば、納得していただけない人もいるんだけど、納得できないんだとしたら、自分で探せばいいんだよ。

ただ、俺はどうしてるかっていうと、「ア」字の子が、「ア」字の国を出でて、再び帰る「ア」字のふるさとなんだよ。

それで、俺が死んだときは、せめて笑ってふるさとへ帰りたいなとか、

「今世で、結構いいことしてきましたよ」

っていって帰りたいなぁ、なんて思っているんだね。

じゃあ、どうやったら、自分で探し出せるかっていうと、まず「ア」ってものを思い浮かべる。アタマっていうのは、「ア」が、つまり神さまがたまってるとこなの。だから、アタマっていう。

アタマっていうのは、「ア」がたまっているから、いろいろ考えてると、いろんなアイディアが出てくる。自分がしあわせになる方法も、アタマのなかに詰まってるんだ。

だって、人間は「ア」字の子ども、神さまの子どもなんだよ。神の子が神の国から出て行くのに、知恵もつけずに出すわけがないからね。

# 第3章

# 斎藤一人流　成功者への道

# 「必要以上の努力」はしない

一人さんは、昔から〝鳥小屋論〟という考え方をもっている人です。

〝鳥小屋論〟とは、どういう考え方かというと、基本線——「どんなときも、生まれてきてしあわせだと思おう」という精神論——は敷くけれど、あとは各人の自由意志に基づいて行動するというものです。

ひと 鳥をちっちゃな鳥かごにいれておくと、かわいそうになる。狭いと苦しくなるじゃん。でも、デカい鳥小屋だったら楽なんだよね。

成功のハウツーっていうのがあるでしょ。成功する方法ってことだよね。でもね、ああやって決めごとをつくっちゃうと、それは失敗になっちゃう。

なぜかというと、人はそれぞれ得意、不得意が違うんだよ。感性も考え方も、すべて違うんだよ。

**それが人の個性なんだよね。それで、その個性にいい、悪いはないの。ただ、人と違ってるだけなんだよ。**

**だけど、そのやり方ができなかった人は、**

**「自分にはできない。自分はダメなんだ」**

**と思ってしまって、しまいには何もやらなくなっちゃう。**

**だから、鳥小屋を大きくしておいて、自由にさせといたほうがいいんだよ。**


そういう考えの師匠をもつと、弟子は自由気ままでいいものです。でも、それがために自由気ままが行き過ぎて、反省することも多々ありました。そんなときの一人さんは、

「エミちゃん、必要以上の努力して、つらくなっちゃいけないよ」

っていうだけ。具体的にああしろ、こうしろと指示しません。

そんな一人さんに対して、私は一度、

「私にとって、一人さんは師匠です。師匠なのに、どうして弟子を矯正しようとしないんですか？」

といったことがありました。そのとき、一人さんは、こういったんです。

俺は人生を修行だととらえている。しあわせになるためのね。

人生のなかでいろんな経験をして、あっちぶつかり、こっちぶつかりしながら、しあわせな人間になっていく。俺たちは商人だから、商売を通じてその修行をしているんだよ。

エミちゃんは、人よりうんとバイタリティーがある分、ぶつかったときの勢いはすごいと思うよ。痛いだろうな、って思うこともある。

だけど、エミちゃんは、このやり方でないと修行できない人なんだと思って、俺は黙って見てることにしているんだよ。

正直なことをいうと、本当はこっちのやり方が一番いいのにな、って思うことがあるよ。でも、エミちゃんはこのやり方でしか修行ができないんだよ。

なぜって、俺は、エミちゃんじゃない。エミちゃんも、俺じゃない。それぞれ個性が違うように、その人に課せられた修行も違うの。

俺は、俺のやり方で修行するようになっているし、それが必要なんだ。だから、エミちゃんは、そのやり方がエミちゃんにとって必要なものなんだよ。世の中って、必要のないことは起きないようになってるの。

中村天風さん、っていう人がいるよね。あの人がお師匠さんとヒマラヤだったか、とにかく高い山の、がけっぷちにある細い道を歩いていたんだって。

一歩踏み外せば奈落の底だから、天風さんはおっかなくてしかたがない。それで、お師匠さんに、

「こんなところを歩いていたら危険です。落ちたらどうするんですか」

みたいなことをいったの。そしたら、そのお師匠さんのいったことがすごい。

「何の必要があって？」

要するに、何の必要があって谷底へ落ちなきゃいけないんだ、と。落ちる必要がないから、自分は落ちないんだ、っていうことだよね。

そのお師匠さんのいう通りだよね。危険な場所を歩いているから落ちるんじゃない。危険じゃないところを歩いていても、死ぬときは死ぬんだよ。ヒマラヤじゃなく、東京にいても死ぬときは死ぬからね。

それで、そのお師匠さんの考え方を発展させると、必要のないことは起こら

ない、ってなる。だから、エミちゃんはエミちゃんのやり方で修行する必要があるし、そのやり方でけつまずいても、それは必要なものなんだ。

たとえ、俺が、そんなやり方は止めて、この方法でいけ、っていっても、きっとエミちゃんの心のなかには納得できない何かがあるよ。だから、人生って、あっちぶつかり、こっちぶつかりしながら行くようになっているの。

それに、人生の修行って、自分がするものなの。

人生の修行は、早く終える必要はないんだよ。早く悟る必要もない。

人間っていうのは、悟るべきときがくれば、勝手に悟るものなの。

それで、悟ることが目的じゃないんだ。悟るときがくるまで、えっちら、ほっちら過程を楽しんでればいいの。

こういう精神的な話は、無理して理解する必要はない。無理して覚える必要もないよ。そのとき、その人が必要なことがスーっと入っていくものだから。

それで、必要なときに、必要なことがアタマに出てくるから。学校の勉強と違って、なぜか必要なことは覚えてる。覚えていることが、その人にとって必要なことだからね。

## 馬から降りた弱兵が馬上の強兵に勝つ

一人さんは、一日二冊ぐらい本を読むほどの大の本好きです。

そのことが世間にも知られているようで、ときどき私も人から、

「斎藤さんって、どんな本を読んでいるんですか？」

と、聞かれることがあります。

私も自分で会社をやっているので、逐一読んだ本をチェックすることなどできないのですが、経済や経営、政治、哲学の本から、小説、エッセイ、詩集、ありとあらゆる本を読んでいるようです。

そのなかでも司馬遼太郎さんの『坂の上の雲』は、すごく楽しんで読んでいた本のひとつです。

「小説のなかに商売のコツがあるとは思えない。でも、一人さんはすごく楽しそうな顔をして読んでるのね。何かいいことが書いてあるんですか？」

そう訊ねた私に、一人さんは、こんなことを教えてくれました。

エミちゃんのご指摘の通りだね。本を読んでるだけで、商売がうまくいくことはないいよ。ただ、この小説はおもしろいの。

この本には、日本が日露戦争で大国ロシアを破るまでの過程が描かれているんだ。当時、日本とロシアの兵力を比較すると、ロシアのほうが圧倒的に上だった。とくにロシアのバルチック艦隊とコサック騎兵集団は世界最強。計算上、日本が勝てる見込みなんて、ほとんどなかったんだよ。

それで、この小説の登場人物で秋山兄弟っていうのが出てくるんだけど、秋山兄弟っていうのは、兄貴の好古っていうのが騎兵団の長で、弟の真之が東郷平八郎の参謀をしてた。

それで、好古はコサック騎兵集団もビックリして腰を抜かすぐらいの奇術をやった人なんだ。当時、日本の騎兵隊はできたばかり。コサック騎兵集団とはどうやったって互角に戦えない。そこで、好古が考えた戦術というのが痛快なの。

それは敵がやってきたら馬から降りる、っていう戦術なんだ。ただし、ただ馬から降りたんでは敵にやられる。だから、好古は、戦争が始まる前に、軍部のお偉方に頼み込んで背中に背負える機関銃を買ってもらった。これを部下たちに持たせたの。

それで、敵が来たら馬から降りて、馬を後方の安全な場所に隠す。それで、騎兵隊が地面にはいつくばって機関銃を撃つ。

騎兵隊って、馬に乗る兵隊だよ。それが馬から降りて地面にはいつくばるって、常識では考えられないことなんだよ。それを騎馬隊の連中にやらせたんだよ。

だけど、そのおかげで日本の未熟な騎兵隊は敵を打ち破ることができたの。

で、一方、弟の真之は何をしたかというと、日本の連合艦隊は日本海海戦でバルチック艦隊を迎え撃つんだけど、そのとき向かってくる敵艦隊の目の前でいきなりグルっと回って、敵の進路を遮断する、っていう戦術を考えた人なんだ。敵の前で急転するって、ヨーロッパの海軍戦術の常識ではタブーなんだよ。

船の形を思い浮かべてごらん、縦長でしょ。ってことは、船の側面は面積がデカイんだよ。船首めがけて大砲を撃つより、船の横っ腹に向けて撃ったほうが命中率は高いの。

しかも、戦艦は巨大だよね。その巨大な戦艦が曲がるときはうんと減速する、動かざる面になっちゃう、敵にとっちゃ格好の標的なんだよ。

でも、日本の連合艦隊はそれをやりながら射撃の命中率が上がる距離まで敵艦隊に近づいていって、集中射撃した。それで、世界最強のバルチック艦隊が負けたんだよ。

人間って知恵を出せば、今もってるものでとんでもないことができるんだね。なのにね、当時の日本陸軍には、知恵も出さず、部下に、

「根性で敵をやっつけて来い」

っていってたヤツもいたんだよ。そいつは乃木大将の参謀をやってた人なんだけど。

ロシアは根性で勝てるような相手じゃないんだよ。事実、乃木軍の兵隊は二〇三高地でバタバタ死んだ。だから、陸軍の偉い人たちから怒られちゃうんだけど、そいつは上の人たちに、

「勝てないのは、兵隊が足りないから、大砲が足りないから」

って、文句ばっかりいってたの。しかも、海軍から、

「大砲を渡すからこれで二〇三高地を落としてくれ」

って提案があったんだけど、そいつは大砲の専門家だったの。で、専門家のアタマで考えると海軍の提案はムチャクチャだ、みたいなことをいって海軍の提案を撥《は》ね除けた。

でも、そうかといって代替案を出そうとはしなかった、あれがない、これが足りないってグジャグジャいってたの。それで乃木軍は蜂の巣にされてたんだよ。

ところが、いいかげん偉い人たちも堪忍袋の緒が切れて、

「オマエもういいから、ここ退け」

と。それで、海軍の大砲で二〇三高地を攻めたら、なんてことない、落ちちゃった。

自分の目の前に大きな壁が立ちはだかってるとき、今あるものを一〇〇%活かして相手に勝つ知恵を出すか。それとも、今もってる力を活かそうともせず

に、「あれがない、これがない」ってグジャグジャいうか。
**これが勝ち負けの分かれ道なんだね。いやぁ、実におもしろいよ。**

一人さんがあまりにも楽しそうに話すので私もつい読みたくなってしまいました。それで、実際に読んでみたんですが、本当におもしろい。

以来、私は、一人さんが「これはおもしろいよ」と、教えてくれた本を積極的に読むようになりました。

昔の私は、時代小説を読むのが苦手でしたが、今では大好きになってしまいました。

## 自分の眼で人を見るということ

経営者の趣味というと、まずアタマに浮かぶのがゴルフでしょう。でも、一人さんは違います。

仕事をするのが大好きな一人さんにとっては、ある意味では仕事も趣味といえるかもしれません。その他では読書、旅、詩をつくること。それから、これは趣味といえるかどうかはわかりませんが、一人さんは料理をつくるのも得意です（年に一、二度ぐらいしか料理はしませんが）。高級な料理から俗にB級グルメといわれるものまで、幅広いジャンルの味を知り尽くした一人さんですから、素材へのこだわりにも一方《ひとかた》ならぬものがあり、どれも美味です。

でも、私や仲間の社長たちが大絶賛するのは、シンプルで、かつ大勢で食べられる料理。たとえば、鉄板にバターを溶かし、そこに合鴨肉とモヤシを入れて、塩コショウしたものは最高です。

それから、手相や人相を見るのも趣味でした。ただし、本人曰く、

「最近、俺の手相・人相は、当たらなくなったから」

ということで、今は、人から手相・人相を見て欲しいといわれても、お断りしているんですが……。

でも、一人さんの手相・人相は、本当によく当たるんですよ。

たとえば、以前、私がある場所で知り合った〝ある人〟を、一人さんにも紹介したことがあったんです。紹介といっても、一人さんとその〝ある人〟は挨拶を交わした程度で、〝ある人〟はすぐ帰ってしまったのですが……。

それで、その〝ある人〟の後ろ姿を見ながら、一人さんがつぶやくようにいったんです。

「こんなことというと失礼だけど、あの人は詐欺師だよ」

私としては、一人さんの言葉は心外でした。

「どうして、あんなに素晴らしい人が詐欺師なんですか！」

激怒する私に、一人さんは、

「じゃあ、〝あの人〟ということでなく、世間の一般常識として、お互いお金

や貴重品の管理はしっかりしましょうよ、ということで……」

といい、その日は別れたんです。それからしばらく後のこと……。私のところへ、知り合いが詐欺にあったという情報が伝わってきました。このとき、私は自分の耳を疑いました。知り合いをだました人が、例の〝あの人〟だったからです。

もちろん、知り合いが落ち込んでいる姿を見て、私は気の毒でしかたがありませんでしたが、その一方で、なぜ、一人さんはそのことが事前にわかっていたのかが私には不思議でたまらない。

ところが、そのことを一人さんにいうと、そうではないと……。

「マグロを外から見て、これはウマイとか、マズイとか判断するでしょ。市場やなんかで、マグロの尻尾を見て、脂がのってるとか、のってないとかいうじゃない？　それと同じで、顔を見て、スタイルを見て、手を見れば、大概のことはわかるんだよ。

めったにお目にかかれないマグロのことがわかって、子どものときから人間の社会にいて、人間をよく見てきているのに、なぜそれがわからないのか。俺にとっては、そっちのほうが不思議でしかたがないんだよ」

そう話す一人さんは、本当に不思議そうな顔をして、私の顔を眺めている。

でも、私には、どう考えても、一人さんがスゴイとしか思えませんでした。

私は是非ともその術を伝授してもらおうとしたのですが、一人さんはこういうのです。

「どうしたらわかるのかを口で説明することはできない。自分でもよくわからないけど、俺にはわかるんだよ。

エミちゃん、悪いけど、俺、占い師じゃなくて、ただの商人なんだよ。商人がこんな話ばかりしてると怪しまれちゃうよ。俺が一番悪いんだけど、エミちゃんも商人なんだから、あんまりそういう話はしないほうがいいよ」

でも、別に教えてもらうまでもありませんでした。

なぜかというと、あの出来事以降、私は自分の眼でしっかりと人の顔を見て、自分で判断するクセが自然と身についていたからです。

どうしてそれができるようになったんですかって？　ゴメンなさい、一人さんじゃないけれど、それを第三者にわかっていただけるように説明するのは至難のワザ。私も、ただの商人なんですよ。

## 成功者になるか否か、その分かれ道は〝声〟にある

手相・人相と関連するかもしれませんが、一人さんは、声を聞くと、その人が成功するか成功しないかがわかるんだそうです。

「成功する人って、思わず話を聞きたくなっちゃうとか、思わず買いたくなっちゃうとか、ともかく成功する声をもっている。その人が話してる内容じゃない、音質の問題なんだよ」

一人さんがそういうので、

「じゃあ、どういう音質の人が成功するんですか?」

と訊ねると、

「俺にはわかるけど、それをみんなにわかってもらえるように説明するのは難しいよ。

なぜって、それは、ＴＢＳが流してる電波はどういう電波ですか? って聞

いてることと同じことだから。

もちろん、電波のことは周波数とかで説明できるかもしれないけれど、でもそれは周波数という基準があるからのことであって、人間にはそういう基準がないからね」

と一人さん。

「じゃあ、どうして一人さんには、それがわかるんですか？」

そう訊ねると、

「どうしてわかるんですか、っていわれても、俺にもわからない。わからないけど、わかっちゃうからしょうがないんだよ。それ、魚に、

『どうしてオマエさんは泳げるんだい？』

って、聞いてるのと同じことだよ。

もうカンベンしてください、恵美子さん。その代わり、ちょっとだけいいことを教えてあげるから……」

そういって、こんなことを話してくれました。

成功する人がどういう声をしているか、っていうのはなかなか口では説明できないんだけど、少なくともボソボソ、ボソボソっと話す人で成功した人っていないんだよね。

成功した人って、大概は声が大きい。

でも、そうやっていうと、

「私、大きな声出ないんです」

っていう人もいるんだけど、じゃあ、赤ちゃんのときはどうでしたか？　っていうと、みんな大概は大きな声で泣いていたんだよね。だから、赤ちゃんの頃のことを思い出して、思いっきり声を出せばいいんだよ。

そうすれば、「赤心来福《せきしんらいふく》」っていってね、赤ちゃんの心になったら福が来るんだ。

それで、おかしな話なんだけど、人間っていうのは、生まれたときは全員、ほぼ同じ能力をもっているんだよ。だけど、ほとんどの人は、その能力すべてを使い切れないまま人生を終えちゃうの。

アインシュタインぐらいの人でも、そうなんだよ。脳の働きの一〇〇％のうち、一〇%ぐらいだったか、ともかく全部使っていないんだよ。世間にはそれよりうんと少なくて、三%ぐらいの人もいるんだけど、両者にどれぐらいの違いがありますか、っていうと、どっちにしろたいして使っていないんだから、ほぼ一緒だよね。俺はそう思うんだよ。

それなのに、成功する人と成功しない人がいる。なぜだろう、って考えたとき、俺流の答えは、これ、一点。

成功しない人の心は、「ダメの壁」に覆われている。

要するに、親とか、環境とか、とにかく周りから、「これはダメ」っていうのを植えつけられちゃってるの。

だから、成功するかしないかは、先天的なものじゃないんだよ、後天的なものなんだよ。

人間には等しく、もって生まれた無限の可能性がある。

それを抑えつけちゃって、自分はダメなんだって思い込んじゃってるの。

でも、その「ダメの壁」に一ヵ所、コンと穴を開ければいいんだよ。

どうやって開けるんですか、というと、とりあえず大きな声を出せばいいの。

ボソボソしゃべってる人で成功する人って、人類始まってからいないの。人類初に挑戦しよう、っていう意欲があるなら、それもいいと思うよ。

でも、誰がやっても難しいことは、まず成功しない。そう思ってたほうがいいよね。

# 落語のようにおもしろい、商売・経済の話

一人さんは、本人曰く、

「九九%が〝楽しい〟で、残りがまじめ」

な人です。そして、めったにない、まじめなときに、商売や経済の話をしてくれるのですが、聞く人によっては、

「これがまじめといえるんだろうか？」

と思う場合もあるかもしれません。

というのも、あたかも漫談か落語でも聞いているかのように、おもしろいからです。

たとえば、一人さんが商売のことを話すときはこんな感じです。


**商売は、商人とお客さんのジャンケンじゃないよ。**

ジャンケンには勝ち負けがある。だから、後出ししたりして、

「ずるいゾ！」

とかってなるんだけれど、商売は両方が勝てる方法を考えればいいの。

両方勝てる方法って何ですか、っていうと、まず考えられるのは、愛のある言葉、要するに思いやりのある言葉。

これは聞いてる相手も気持ちいい、それをいってる人も気持ちいいんだよ。

ただし、いくら優しい顔してても、犬は犬嫌いな人を見ると逃げていくよね。エサでつろうとしても逃げるよね。

俺たち人間は、万物の霊長だよね。それがわかればＯＫですよ。


日本経済が今後どうなるか、という話も一人さんにかかると、実に、シンプル・イズ・ベスト！

今は、第二次世界大戦みたいな戦争はもうないよね。戦争してもいいことない、もう戦争はこりごりだって、二〇世紀で人類は学んだんだよ。だから、大

戦は起こらない。

そうすると、軍隊で働いていた人、戦車とかをつくってた工場も、ナベやカマをつくる。ということは、生産過剰になるんだよ、ものが余ってくるの。そうすると、需要と供給の関係っていうのがあって、ものの値段が下がる。

しかも、今、人件費の安い中国が、どんどんものをつくって、ものを売ってる。ものの値段はどんどん下がるんだよ。

中国の人件費もそのうち高くなるだろうけど、中国の人件費が高くなったら、今度はそれより人件費が安い国に仕事がいく。だから、ものの値段が下がるのは、もう止められないんだよ。そうなると、今度はものだけでなく、人までが余ってくることになる。

だけど、心配することはないよ。これからが、いい時代なの。

今までは、「本物の時代」だった。

「本物の時代」って、非常に楽で、あいまいだったの。

たとえば、どこそこの大学出てきました、と。アメリカの会社でマネージャーしてました、と。そうすると、みんなが、

「へぇ〜、この人は本物だ」

っていったの。それで、みんなが本物だといえば、実力に関係なく通用してたの。

だけど、これからはそれが通用しない。これからは、

「あなたは本当ですか？」

って、問われるんだよ。

要するに、今までは肩書きで通ってたものが通用しなくなって、本当の実力が問われるんだよ。

だから、俺の場合は、〝まるかん〟の商品を開発するのが仕事だから、

「その商品は、本当にいい商品なんですか？　どのぐらい役に立つんですか？」

って、お客さんに問われる。

それから、その商品を売ってる、私のお弟子さんたちとその会社の人たちからも、そうやっていわれる。

もし、商品が本物じゃないってことになったら、お役御免にされちゃうけれど、本当に役に立つ商品なら、俺はみんなに利用していただけるんだよ。

それと、どの会社でもそうなんだけど、そこに勤めてる人たちは、

「あなたは本当に、ウチの会社の役に立つ人間ですか？」

って、そこがまず問われる。

どういうことですかっていうと、社員が一〇人いて、そのうち七人が会社の役に立たない人だとしたら、その人たちはお役御免、ってことだよね。それで、残りの役立つ三人に対しては、お給料を倍にしちゃったりする（著者注・実際には、会社も大変な時期だから、ちょっとお給料が上がる程度ですけどね・笑）。

不景気だっていってても、経営者にとっては、いつも人材不足なんだよ。経営者が集まると、たいていは、

「ねぇ、どっかにいい人いない？」

って、こういう話してるんだよ。

ダラダラ仕事をしてて、夕方五時五分前ぐらいからカウントダウンしちゃうような人が雇ってもらえるような時代はもう終わった。ただ、それだけのことだよ。

## 一人さんから見た、世間の不思議その一
### ～人の苦労話を聞きたがるのはナゼ？

私も含め、一人さんのことを不思議な人だと思っている人は大勢います。

ところが、一人さんにいわせると、

「みんなのほうが、不思議に思えてしかたがない」

なんだとか。

たとえば、ある人が成功すると、テレビや雑誌などで、

「私が成功に至る過程にはこんな苦労がありました」

といった類《たぐい》のエピソードが紹介されますが、一人さんにとっては、それが不思議なんだそうです。どうしてかというと、一人さんは子どものときに、

「こんだけ苦労したから成功しました、っていう話はウソだ」

と見抜いたからなんだそうです。

俺が子どものときに、大人たちが集まって、仕事の話をしているのを聞いていたんだけど、そのとき、

「これはウソだ！」

と思ったんだよ。成功してる人ってね、すごくカンタンなことをやってた。

要するに、自分が得意なことをやって成功したんだけど、日本の場合は、苦労しなきゃ成功できない、みたいなことになってるから、苦労話をしなきゃいけない、って勝手に思っちゃってるんだよ。

それで、その苦労話をよく聞いてみると、戦争中はこうだった、ああだった、って。要するに、戦争で苦労したんだよね。

戦争中っていうのは、誰でも苦労してたんだよ。いってることがムチャクチャなの。戦争の苦労と仕事の話がごっちゃになっているんだよ。

だから、人の苦労話なんて全然参考にならないと思うんだけど、世間には聞きたがる人が大勢いる。不思議だよ。

確かに、私から見ると、一人さんは商売向きの人。事実、何の苦労もなく事

業を成功させ、一二年全国連続高額納税者番付トップ一〇入りを果たしました。

では、私の場合はどうなのか……？

一人さんの仕事を始めて、つつがなく商売をさせていただいている私ですが、自分に商売の才能があったわけではないような気がします。そのことを一人さんにいうと、一人さんは、

「俺は、エミちゃんのことを商売向きだと思って弟子にしたんだよ。エミちゃんは自分の才能を信じられないようだけど、人っていうのは、みんな困らない才能をもってるんだよ」

といって、こんなことを話してくれました。

面食いっていう人がいるじゃない？　だけど、その逆で、面食わぬっていう人もいるんだよね。面食わぬって、まぁ、八方美人だと思ってていいんだけど……。

世間の人は、そんな八方美人はダメだ、みたいなことをいうけど、あれは才能だよ。だって、そういう人が接客業したりすると、誰にでも親切にサービス

するから、たちまち出世しちゃう。

それから、高いところへ上って、電線を張り替えたりするのが平気な人もいる。俺には絶対に無理。脚がふるえちゃって、立ってるのが精一杯だよ。だから、あれも、すごい才能だよ。

それで、「他はこれわれにあらず」っていうんだね。

他の人と自分は違う、っていうことなんだけど、才能もそういうものだよ。だから、それぞれに、それぞれの才能がある。

それで、それぞれ働く場所、人さまのお役に立てる場所がある。神さまは、俺たちを困らせないようにしてくれているんだ。

そうやっていうと、

「私には全然才能がありません」

っていう人もいるんだけど、そういう場合は、勝ち馬に乗ればいいだけなんだよ。

要するに、才能があるヤツを見つけて、そいつに聞けばいいの。

あのさ、昔のヤクザ映画なんかで、丁半ばくちのシーンがあるじゃない。あれなんかを見てて思うんだけど、うんと勝ってるヤツを見つけて、そいつが丁に賭けたら、自分も丁に賭ければ勝てるんだよね。ところが、

「あいつが丁だから、俺は半だ」

みたいに、ゴチャゴチャいうヤツがいるの。それで、そいつは負けちゃうんだよ。

だから、勝ち馬に乗るの。それも大事な才能なんだよ。

## 一人さんから見た、世間の不思議その二
### ～悪人が企てて、善人が企てないのはナゼ？

企業の「企」の字は、「くわだてる」という意味です。

だから、一人さんは、

「企業、プロの商人は、ちゃんと企ててなきゃいけない」

といいます。

でも、そういうと、たぶん、みなさんのなかには、

「エッ、企てていいんですか？」

と思う人がいるのではないでしょうか。

それも当然だと思います。「企てる」という言葉は、「悪事を企てる」という
ふうに使われますから。

でも、一人さんにいわせると、それが不思議で、

「ドロボーや詐欺師だって企てているのに、善人が何も企てないのが不思議」

一人さんは、子どものときからそう思っていたそうです。

俺が子どもの頃、自家用車をもっている人はほとんどいなかったんだ。ウチの親は商売をしてたけど、それでも車なんかなかったの。

その頃に「車をもってる」っていうと、「クルーザーをもってます」とか、「自家用ヘリコプターをもってます」とかいうぐらいのインパクトがあったんだよ。

だけど、そういうときにも、なぜかマル暴の人たちは外車に乗っていたんだよ。

警察と丁丁発止している人たちが外車に乗ってるのに、法律を守って、コツコツ働いている人たちが電車に乗ってる。それはどういうことだろうか……。

俺が子どものときに一番最初に思った疑問はこれだったの。

それで、マル暴の人たちを見てると、そういう人たちは企てているんだよ。

ところが、善人は善人ならそれでいいんだと思ってるんだよ。

だけど、俺は思ったの、善人なら、善人だからこそ、善を全うすることを企てなきゃいけない、って。

それで、企業、プロの商人は、企てる人なんだよ。

商売を成功させるって、ただの一回儲かればいいわけじゃないよね。儲け続けなきゃいけないんだよ。

お客さんをだましたり、困らせるようなことをしていて、儲け続けることは絶対に無理なんだよ。儲け続けようと思ったら、お客さんを喜ばせること、お客さんに本当に役立つことをしてないといけないの。

だから、企業やプロの商人が企てることは、いいことでしかありえない、俺はそれが当たり前のことだと思うんだよ。

それで、プロの商人って何ですかというと、まず自分で企てられる人なの。人に企てを決めてもらえる商人っていないの。

プロゴルファーでも、トーナメントに何位までに入ってとか、自分で目標を決めるでしょ。目標を決めたら、今度は練習するでしょ。人からいわれなくても練習するよね。

それから、クラブだって自分で買うよね。なかには、メーカーがスポンサーになってくれる人もいるけど、自分の道具は自分のお金で買うんだよ。自分のことについては、自分で投資するんだよ。

プロの商人もそういうことなの。ちゃんと企てればいいの。

世の中に偶然なんかないいんだよ。偶然、どうかなっちゃいました、っていうのは悪いことだけさ。

何もせずに待ってるだけで、向こうから勝手にやってくるのは税務署とか、とにかく自分にとって不都合なことだけなんだよ。

自分にとって好都合なことは、ちゃんと計画して、企ててなきゃやってこないんだよ。

ちゃんといいことを企てて、お客さんが本当に喜ぶことを考えて、お客さんに本当に役立つことを考えて、計画していれば、不可能なことでも必ずなんとかなるよ。

## 一人さんから見た、世間の不思議その三
### ～成功の道に乗るだけでいいのに争うのはナゼ？

成功するには、競合他社や職場のライバルに先んじることが不可欠です。

「そのためには、相手を蹴落とすぐらいのことをしなくてはいけない」

そういう考えをもつ人もいるでしょう。

でも、一人さんにとっては、どうしてそう思うのかが不思議なんだそうです。

なぜかというと、一人さんはこういう考え方をもっているからです。


（ひと）学校の勉強の話なんだけど。今、自分の試験の平均点が三〇点だとするよ。一生懸命勉強して、次のテストで四〇点とったとする。で、一〇点上がっただけでも、全国的にいえば、相当な数を抜いているということだよね。

だから、上にいくのに、相手を蹴落とす必要はないんだよ。

ここまでの話は、理解していただける人も多いと思います。では、次に紹介する話はどうでしょう。ちょっとアタマが混乱してしまうでしょうか……。

「成功の道っていうのがあって、そこに乗っかっていれば、しゃがんでいようが、何をしようが、勝手に成功へ導かれちゃうんだよ。

だけど、他の人はどうしたわけか、その道からズレてしまうんだよ。俺は、それが不思議でしかたがない」

一人さんはそういうんです。

一人さんがなぜこんなことをいうのか。それは、一人さんは成功について、こんな考え方をもっているからです。

**成功の道って何ですか、というと……。**

たとえば、日本の上空には、ジェット気流っていうのがあるんだよ。ジェット気流は、暖かい風と冷たい風の間にある気流のことなんだけど、そのジェット気流が時速三〇〇キロぐらいの速さで流れているんだ。

このジェット気流に風船を乗せると、アメリカまで飛んでいくらしいんだよ。

それで、昔、日本がアメリカと戦ってたとき、このジェット気流に風船爆弾を乗っけてアメリカまで飛ばしたっていう話があるんだね。ジェット気流に乗っちゃったの。

俺が成功したのもそれと同じようなものなんだ。

どういうことかってね、そのジェット気流が成功の道なんだっていうことなんだ。

要するにね……、右側に火炎地獄、左側に氷地獄がある。どっちが右で、どっちが左かはどうでもいいんだけど、便宜上そうさせてもらうよ。それで、火炎地獄にいると焼け死んじゃう。だけど、氷地獄だと凍え死ぬ。

この火炎地獄と氷地獄の接点に、修羅の道、っていうのがある。この道が安全な道で、この道に乗っていれば成功する。要するに、そこに乗っかっていれば勝手に成功へ導かれる、ということなんだよ。

だけど、この道はすごく細い道で、ぐねぐね曲がってる。だから、何かの拍子でこの道に乗っかることができても、気がつくと修羅の道から外れちゃって、火炎地獄か氷地獄に入ってしまう。

火炎地獄を冒険、氷地獄を安定という言葉に置き換えてもいいんだよ。で、修羅の道っていうのは、適度に冒険もし、適度に安定もある。

それで、この道は細い道なんだけど、三車線ぐらいある。高速道路みたいにね。

高速道路を車で走ってるときって、あるときは追い越し車線を走り、あるときは走行車線を走るでしょ。だから、高速道路という枠のなかで、右に行ったり、左に行ったりしてるんだよね。でも、高速道路を外れない限りは、スーっと行けちゃうんだよね。

だから、成功っていうのは、冒険と安定の中間にある、ど真ん中の車線、唯一、この一本を走るということじゃない。細いなりに幅があって、その幅のなかをあっちに行ったり、こっちに行ったりしながら、たえず微妙にゆらぎながら走ってる。

だけど、ほとんどの人は、冒険しすぎて火炎地獄に入っちゃうか、何もしなくて氷地獄に入っちゃうかのどっちかなんだよね。

「いや、私は中道を走ってます」

っていう人もいるけど、もし、それが本当なら、ジェット気流に乗っかったかのごとく、商売も成功するし、どんどん出世しちゃうはずなんだよね。でも、そうじゃないなら、道からズレてるということなんだよ……。

# 第4章

# 「ひとり勝ち」のしあわせ法則

## 時代の流れを読むのがトップの仕事

今は懐かしき、バブル全盛期。不動産や株でマネーゲームに興じる人々が多いなか、一人さんは、

「みんなが踊っているときは踊らない。これが大事なんだ」

といって、淡々と仕事をしていました。

私には、そういう一人さんの行動が奇異に思えてなりませんでした。というのも、その当時の一人さんは巨額の富を手にしていましたし、世間では、会社経営には資産運用も重要なアイテムだといわれていたからです。

そこで、私は一人さんの真意を確かめようと、

「どうして不動産や株を買わないんです？」

と訊ねたのですが、一人さんはニコニコしながらこういいました。

「そろそろバブルは崩壊する。土地も株も下がるよ」

当時、少なくとも、私の周辺では、そういう兆候はまったくありませんでした。ところが、それから二、三年後、株も不動産もどんどん値を下げ、バブルは終焉を迎えたのです。

「偶然、当たった」

みなさんは、そう思うかもしれません。そう思っていただいても、全然かまいません。しかし、バブルの崩壊を予想し、それが現実になった、この偶然と同様な出来事を私は何度も体験しました。

ひとつは、山一証券が破綻した事件。この出来事についても、一人さんは事前に予想していて、私や仲間の社長たちにこんなことをいっていました。

**今、みんなに、**

**「これからの日本経済はどうなるんですか」**

**って聞かれたから、俺個人の見解を話すけど、この話はつまらない話なんだよ。とりあえず話をするけど、どう受け取るかは、みんなの自由裁量。途中、寝ててもらっても全然ＯＫだよ。じゃあ、話します。**

今、日本の金融界に対して、アメリカは改革を求めてるんだよね。だけど、日本はそれが全然できない。

そうなったとき、どうなるかというと、山一は破綻するよ。

ちょっと話が飛んでしまうけど、アメリカという国は心理作戦がものすごく上手なんだよ。昔、日本がアメリカと戦争していたとき、アメリカは、

「どうしたら日本人は、日本の負けを認めるだろうか」

って考えた。それで、日本の象徴ともいうべき富士山をペンキで真っ赤に染めちゃおうという計画を立てた、といわれているんだ。

実際には、コスト的な問題で実施されなかったんだけど、別の象徴、つまり天皇が、玉音放送でマイッタしたら、それまで、竹やりもって、

「欲しがりません、勝つまでは」

とがんばっていた人たちも、マイッタしたんだよね。だから、戦でも何でもそうなんだけど、象徴を叩けば、心理的に追い込まれて負ける。

それで、また富士山の話に戻るけれど、金融、別けても証券界の富士山といえば、山一。だから、アメリカはここを狙ってる。

**ロッキード事件のときもそうだったけれど、アメリカという国は、日本の政治家や企業のいろんなネタをつかんでいるんだよ。田中角栄が辞任に追い込まれたのだって……。だから、アメリカという国は日本の首相を辞めさせることさえワケないの。**

**だから、山一は破綻するよ。こんなことを話したって、誰も信じないけどね。**

ところが、バブルのときと同様、それが現実になってしまいました。それだけではありません。

「まだ日本の金融界がマイッタして、自分たちで改革を進めようとしない。そうなると、次に来るのは興銀だよ。

なぜって、日銀は国がやってるからつぶれない。となると、次に大きいのは興銀だから」

と、興銀の破綻を予想。そして、これも現実になりました。

「ひょっとして、一人さんは本当に天才なのかも？」

私はそう思いました。それで、あるとき、そのことを一人さんにいったので

すが、一人さんは、

「学校で著しく成績が悪かったこの俺が、天才なわけがないじゃないか、アッハッハッハ……」

と、大笑い。そして、その後、めずらしく真剣な顔をしてこういいました。

「そんなことは、外部の人にいわないほうがいいよ。経済の行く末を読むのは、特別なことじゃないんだよ。それをスゴイことのようにいうと、エミちゃんが世間の人に笑われる。

他の人もやってるの。時代の流れを読むのは、人の上に立つ者の仕事なんだよ」

## 魂の成長具合を見ると、経済がわかる

「お願い、外部の人に俺のことをスゴイ人といわないで」

一人さんがそういうので、〝私・柴村恵美子にとってスゴイ人〟ということでお話を続けさせていただきます。

それで、一人さん曰く、

「時代の流れを読むことは特別なことではない」

ということなのですが、その当たり前のことをしている一人さんを私がスゴイ人と思うのには、ちょっとしたワケがあるんです。

そのワケというのは、一人さんは毎日いくつもの新聞をなめるように読んでいるわけでもなく、一日中テレビのニュース番組を見ているでもなく、そうかといって隠密みたいな人たちを雇って情報収集しているわけでもない。それなのに、ピタッと当ててしまう。

それが私にとっては不思議で、スゴイことなんです。

ただ、一人さんにとっては、

「エミちゃんは、俺が時代の流れを当てた、というけれど、俺がいわなくても、そうなるものはなるんだよ。たとえば、東京でＪＲ中央線に乗ってて、『東京駅の次は何駅ですか？』というと、神田だよね。誰かが予想しようが、しまいが、もう決まっているんだよ。時代の流れもそれと同じ。だから、くどいようだけど、俺はたいしたことはしてないんだよ」

ということらしいのですが……。でも、そういわれると、どうして一人さんには、時代の流れが読めるのか、ますます知りたくなってしまいます。

みなさんのなかにも、私と同じ思いでいる人がいるのでは？

「何か秘術でもあるのかな」

そう思っている方もいるかもしれませんね。

そこで、私・柴村恵美子が、みなさんの思いを代表して、一人さんに聞いてきました。一人さんは、最初なかなか話そうとしてくれなかったのですが、夜討ち朝駆け、あの手この手を使って、ようやく聞き出すことができました。以下は、その報告です。

どうして時代の流れを読み当てることができるのか、それをどうやって説明すればいいのかが俺にはわからないんだ。だけどエミちゃんが一生懸命だから話すよ。ただし、これはあくまでも斎藤一人流だからね。
「世の中にはこういう変わった人もいるんだな」
程度に聞いててよ。真剣に聞いてると、たぶんワケがわかんなくなると思うから。

　俺、この前、テレビを見ようと思ってスイッチを入れたんだけど、そのとき、画面に最初に出てきたのが何かのドラマだったんだよ。よくわかんないけど、競馬の馬券を買うのに、予想屋のアドバイスを聞いたんだけど、予想が外れてボロ負けして、怒ってる場面だったけど……。

　何をいいたいかっていうとね、競馬というのは、しょせん、ウマの競走だよね。走るのはウマだから、それを人間が当てるのは難しいんだよ。

だけど、時代の流れ、経済というのは、ものすごく大きくて、ゆっくりとした流れなんだよ。だから、本当は誰でも読めるし、誰でも当たるようになってるの。それで、その流れを読む方法はいろいろあるんだけど、斎藤一人流の読み方でひとつポイントになるのが魂の成長具合、わかりやすくいうと、人間の心理なんだよ。

それで、斎藤一人流では、

「経済には同じ法則はない」

というんだね。どういうことかというと、関東大震災のとき、東京は焼け野原になったんだけど、そのとき土地の値段が上がることを予想して土地を買い占め、大儲けした人がいるんだよ。

じゃあ、神戸で震災があったときはどうだった？　土地が値上がりして大儲けした人がいるかい？

関東大震災のとき、土地を買って大儲けした人がいる、ということはみんな知っている。ということは、土地を売らないんだよ。

だから、時代の流れには、人間の心理というものが付加されるんだよ。それで、人の心というのは、コロコロ、コロコロ変わるんだよ。だから、経済では、「2×2＝4」みたいな計算式が通用しないの。

それで、時代の流れを読むときには、その心をどれだけ加味するか、ということなんだ。エミちゃんもやってごらん、カンタンだから。


一人さんがそういうので、私もチャレンジしてみたのですが、「人の心を加味する」という、その微妙なサジ加減はなかなか難しいものですね。

何かヒントはないかと、経済新聞やアナリストの本を血まなこになって読んだりしてみたのですが、どうもうまくいかない。

当たり前ですよね、そういう類の本に人の気持ちが書いてあるわけがないのですから。だから私は、意味のないことに努力を傾けるのは止めました。自分の目の前にいる人たちの気持ちを考えたほうが、よっぽど参考になります。

そのことを一人さんにいうと、一人さんはこういっていました。

「エミちゃん、いい線いってるよ。キミのいう通り、ガチガチの理詰めで考えていると、読みはズレていくものなんだよ」

# 〝世界ランキング〟の企業と闘うために必要なこと

最近、私は一人さんとある町に旅にでかけました。

いつものように一人さんの旅専用のワゴン車に乗り、田んぼのど真ん中にある一本道をのんびり走っていると、遠くの道路で車が数台、数珠つなぎになっている光景が目に入りました。

「一人さん、あれ、何だろう」

私がそういうと、一人さんは、

「ああ、あれね。よく知らないけれど、最近、アミューズメント施設とか、ディスカウントストアとかが一緒になったショッピングセンターみたいのができたらしいんだよ。たぶん、そこに行く車でしょ。それより、お昼においしいもの食べに連れて行ってあげるからね、楽しみにしてなよ」

と、特段関心を示すような素振りも見せずに答え、やがて、私たちを乗せた車はその賑わいからどんどん離れていきました。

一人さんが連れて行ってくれたのは、市街地の一等地らしき場所にある、魚料理が自慢のお店でした。新鮮でおいしい料理に舌鼓を打ち、お腹もすっかり満足したところでお店を出て、ふと周りを見渡すと、シャッターが閉まった店が多いことに気がつきました。

「やっぱり、この町の商店も大型店に食われているのね。大変だね、小さいとこは」

誰にいうでもなく、私がポツリというと、一人さんはこういいました。

「ただ単に大型店と闘っているんじゃないよ。世界ランキングに入るような、手ごわいヤツらと闘っているんだよ。それは、この商店街だけの話じゃなく、日本全体、俺たち日本人全員がそういう状況に置かれているんだ。

じゃあ、次のいい場所に行こう……。あれ、エミちゃん、どうしたの？」

私のアタマのなかは、今まで自分が仕事のなかで標的としてこなかった〝世界ランキング〟の到来にどう対応すればよいか、ということで一杯になっていました。

「一人さん、楽しい旅に連れてきてもらって申し訳ないけど、その〝世界ランキング〟の話の先を聞いてみたいんです。どこか喫茶店にでも入って、聞かせてもらえませんか」

私はそういいながら、一人さんを引きずるようにして、近くにあった喫茶店へ連れ込みました。

人気《ひとけ》のない喫茶店の椅子に腰を落ち着け、一人さんは開口一番、こういいました。

「エミちゃん、〝世界ランキング〟と闘うっていっても、たいした話じゃないんだよ。今までやってきたことをちゃんとやればいいだけの話だよ。恐れることは何もないの。

ただ、時代はそういう流れになっている。だから、そういうことをアタマに入れておきさえすれば、困ったことは起こらないんだよ」

ちょうどそのとき、お店の人がオーダーをとりにやってきました。私は、コーヒーを二つ注文し、そして、お店の人に訊ねました。

「ところで、ここのお店は〝世界ランキング〟の企業と闘っているんですか?」

お店の人は、私の唐突な質問に大笑いし、

「お客さん、冗談は止めてくださいよ。こんな田舎町で喫茶店やってるのに、どうして世界と闘うんですか」

といってカウンターへ戻っていきました。

一人さんは、しばらくその姿を眺めた後、

「じゃあ、一人さんのひとり言でも聞いてもらいますか……」

といって、話をし始めました。


**相撲って、日本の国技だよね。だけど、今はハワイやモンゴル出身の力士がいる。あの人たちは、日本語ができなくても、チョンマゲ結って、フンドシまでしちゃうんだよね。**

**それから、野球の場合は、日本の選手がどんどんアメリカに行って、メジャーリーガーとして活躍しているよね。サッカーだってそうでしょ、ヨーロッパや南米にどんどん出て行く。**

**ところで、仕事の話なんだけど、町の金物屋さんをたとえにして説明すると、**

昔は町の金物屋さんって、近所に商品を売ってたんだよね。で、町の金物屋さんは、隣の町の金物屋さんか、いずれにしろ町の金物屋さん同士の闘いだったんだよ。

ところが、今は郊外に大きなホームセンターができて、町の金物屋さんはこことと闘わなきゃいけなくなった。だけど、町の金物屋さんは、ホームセンターとだけ闘っているんじゃないんだよ。

どういうことかというと、日本はお金持ちの国なんだよ。世界にものを売って、貿易黒字を出しているの。

商人は、商品を買うお金をもっている人に商品を売るんだよね。だから、世界中からお金持ちの国・日本にいろいろものを売ってやろうというヤツが来る。

そのとき、日本は海外の人から見ると、土地は高い、人件費も高い、何でも高い。そこに乗り込んでやろうっていう企業は、すごいノウハウをもっているか、向こうで大成功したか、そういうものがなかったらやってこないよね。ということは、〝世界ランキング〟が乗り込んでくる。

だから、ホームセンターの人は、〝世界ランキング〟と闘っているんだね。

つまり、町の金物屋さんは、〝世界ランキング〟と闘っているホームセンターと闘わなきゃいけない。金物屋さんが知っていようが、いまいが、〝世界ランキング〟との勝負になっているんだよ。

どこでもそうなんだよ。

「ウチはうなぎ屋ですから」

といってても、うなぎでも何でもバンバンつくって日本に乗り込んでくるかもしれないよ。そのうち、

「カリフォルニア産のうなぎです」

というのが出てきて、食べてみたら、

「こっちのほうがウマイ！」

なんてことがあるんだよ。

だけど、怖がることはないの。お客さんはどこかにいるし、お金だって全然なくなったわけじゃない。江戸時代だって、今と比べると経済は悪かったよね。だけど、そういう時代でも、紀伊国屋文左衛門みたいのが出てきたんだよね。

じゃあ、どうしたらいいかというと、まず、時代の流れをしっかりと受け入れる。そうすれば、何をすべきかが見えてくるよ。

# 時代の流れは誰も変えられない

「時代の流れを受け入れる……」

私は一人さんの話を聞きながら、一人さんが何をいわんとしているかを推し量っていました。

私たち商人は、〝世界ランキング〟と闘わなくてはいけない。日露戦争にたとえれば、〝世界ランキング〟は列強・ロシア、町の商店は弱小国・日本ほどの違いがある。

「時代の流れを受け止めるということは、勝ち目がないのは目に見えているから負け組に甘んじろ、ということではないんでしょ。闘っていかなきゃいけないのよね」

私がそういうと、一人さんは、ニッコリ微笑んでいいました。

「もちろん、その通り！」

ひとり時代の流れを受け止めるというのは、こういうことだよ。

〝世界ランキング〟と闘うことから逃げられやしない。商人の世界は、誰からも守られていないんだよ。いきなりリングの上に上げられて、自分で闘わなきゃいけない。

それは、誰にも避けられないことなんだよ。そういうことを受け入れようよ、ということなんだよ。

今、日本はものの値段が下がっているよね。そうすると、経済評論家や経済学者が、

「こうやってデフレを解消しましょう」

っていうけど、政治家や経済学者に頼んで、こんな時代が来ないようにしてもらおうとしても無理なんだよ。あれは、自分たちの希望的観測、

「こうなればいいな」

っていってるだけなんだよ。

カン違いする人が多いんだけど、時代とか、歴史というものは、人間がつく

っているんじゃないの。

たとえば、ファッションでいうと、流行の最先端を走ってて、ファッションリーダーっていわれてる人がいるじゃない？　一見、その人が流行をつくっているように思うけど、実はそうじゃない。あらかじめ、人の好みというものがあるんだよ。

ファッションリーダーは、他の人より先にその好みを取り上げているだけなんだ。だから、流行るものはすでに決まってるんです。人間が欲するものも決まってるんです。

だから、誰かが時代をリードするなんてことはできないんだよ。

海には海の流れ、潮流ってものがある。地球には地球の流れ、軌道というものがある。それを、人間の力で変えようなんてことはできないでしょ。

それと同じように、人間が生活しているこの場所には、時代の流れというものがある。アタマのいい人がひとり、ふたり出てきて何とかなるようなものじゃないんです。

だから、嫌だろうが、嫌じゃなかろうが、そういう時代が来るんだよ。

ただし、

「厳しい時代が来るんですね」

と思うか、思わないかは、各人が自分で考えることなんだ。俺がとやかくいうことではないんだよ。

# 人間は環境をつくる動物

「厳しい時代が来ると思うか否かは、個人の自由」

そういった一人さん。では、一人さんは、どういうふうに考えているのでしょうか。

そのことを訊ねると、一人さんはこういいました。


えっ、俺かい？　別に怖くなんかないよ。

〝世界ランキング〟がやってきたところで、商売の仕方がまったく変わることはないでしょ。

「今、目の前にいるお客さんを喜ばせる」

商売のコツって、昔っから、これしかないんだよね。

それで、何がお客さんを喜ばせるのかがわからなければ、成功しているところを見つけて、真似すればいいんだよ。

さいわい、俺たちにはそれを教えてくれる仲間がいる。俺たちは、車みたいなものなんだ。ハンドルがあって、タイヤがあって、ワイパーがあって、って、一個一個違う個性が集まって、一台の車なんだ。

だけど、ハンドルにもたれかかっているタイヤはないんだよね。そんなタイヤがいたら、車にはならないんだよ。

もちろん、俺も、エミちゃんも、まだ未熟だよ。だから、これからもいろいろ学ばなきゃいけない。だけど、俺たちは未熟でありながらも、タイヤはタイヤとしての働きを果たしている。ハンドルはハンドルの役割を果たしている。

俺は自分の役割をやり続ける。エミちゃんも、他の社長たちも、それをやり続けられる人だと確信している。だから、俺は〝世界ランキング〟は怖くない。

というより、むしろ、俺はツイてると思ってるよ。こんなことというのは生意気だけど、今まで世界で闘いたいと思ったら、こっちから出かけていかなきゃいけなかった。それが今、向こうからわざわざお出ましいただいているんだから、こんなにありがたいことはないと思ってる。

**それでお互い自分を磨いてさ、商人として学ばせてもらってさ。そのなかでいろんな気づきをもらって、人生の修行もさせてもらって、もっともっと魂的にも成長するんだって、ワクワクしているよ。**

たぶん、一人さんはそういうだろうと予想はしていましたが、あまりにも予想通りの答えだったので、私は笑ってしまいました。

一人さんという人は、そういう人なんです。

変えられないものは、変えようとしない。変えられるのは自分だけなんだ、と明らかに眺め、いつも、ひとつ上を目指し続けている人なんです。

ですが、あんなことを実にあっけらかんといってのけるなんて……。私は、あらためて、

「すごい人を師匠にしてしまったな」

そう思いました。

ですが、一人さんにそのことをいうと、

「エミちゃんがそう思うのはエミちゃんの自由だけど、俺はそうは思わないいん

だよね」
と……。

🅟人間は環境に流される動物だというように考えている人もいるけれど、そうじゃないよ。人間は環境をつくる動物なんだよ。

今、俺たちがいる環境は、人間がつくったんだよね。真っ暗な夜を明るくしたのも人間なんだよ。

人間が環境を悪くしたというけれど、その環境を直そうとしているのも人間なんだよ。

それで、この不況を何とかしようとする人もいる。財界にもいるし、政界にもいる。

でも、環境をつくっているのはそういう人たちだけではないんだよ。

世の中不満だらけだけど、みんな、そのなかでしあわせを見つけようとしている。そういう環境をつくろうとしている人が学校の先生にも、町工場で働いている人にも、近所のおじさん、おばさんのなかにもいるんだよ。

厄年だろうが、八方ふさがりだろうが、
「そんなもの、困ったことじゃありませんよ」
って、目の前の現実を何とかしようとしている人がごまんといるの。
俺はそういう人たちを見るとね、こう思うんだよ。
「この人はカッコイイな。
みんながマイッタしてるなかで、〝ひとり勝ち〟してるな。自分はまだ青いな」
って……。
だから俺も、その人たちに負けちゃいられないんだよ。
余計な話なんだけど、もう一個、ちょっとだけいい話を教えてあげよう。
これからは〝ひとり勝ち〟の時代が来るんだよ。これがまた、いい時代なんだよ。

## 〝ひとり勝ち〟の時代は、誰もが勝てるいい時代

「ひとり勝ち」

それは、二番目以下は全部負け、ということです。どうしてそれが、いい時代だというのでしょう。

「一人さんが今いった〝ひとり勝ち〟の時代、〝ひとり勝ち〟って、どういうものなんですか？　その先を聞かせてください」

そういって一人さんにせっつく私に、一人さんは、

「まぁ、まぁ、そう急ぎなさんな。このコーヒーおいしいよ。あぁ、しあわせだなぁ」

と。そして、のんびりコーヒーを味わったあと、こんな話をしてくれました。


**俺がいう〝ひとり勝ち〟というのは世間の常識とちょっと違うんだ。誰でも**

勝てるんだよ……。

まず、仕事の世界での〝ひとり勝ち〟について話すね。

たとえばだよ、今、ある観光地が、非常にお客さんが来なくて困ってるとする。そのとき、そこの商店街の店主が集まって意見を出し合ったり、行政にかけ合ったり、いろんなことをするんだけど、それじゃあダメなんだよ。

なぜって、みんなで何かをやろうとすると、

「ウチはそんなことできない」

「私はこうなんです」

とかって、それぞれ、いろんな事情をいってくるんだよ。その事情を調整している間に、チャンスが逃げちゃう。

じゃあ、どうするか、っていうと、カンタンなの。〝ひとり勝ち〟している人が出てくればいいんだよ。

「あなたたちの事情は、あなたたちでいっててください。私は、みなさんの意見調整につき合ってるヒマがありません。でも、私は私でバリバリやりますよ」

っていう人間が現れたら、そこが助かるんだよ。

たとえば、自分がホテルをやってるとしたら、その町中のホテル・旅館が全部マイッタしても、お客さんがバンバン来て、メチャクチャ儲かってるところがあれば、そこと取引している魚屋から八百屋から、みんな元気になっちゃう。

それから、

「あのホテルだけがやけに元気いいな。何やってるんだろう。ウチも真似しよう」

っていうヤツが出てくるんだよ。

そういう時代なの。価値観が変わっているんだよ。

今までは、大きいほうが得だから、何でも「大きく、大きく」って、してきた。だけど、この一〇年ぐらい前から、大きいところがダメになってきているでしょ。

政府がいろいろ指導して何かやってもうまくいかなくて、国が大赤字を抱えてる。大手銀行も調子がよくない。それから、大地主だった人も、土地が売れないうえに税金までとられちゃったりして。

だから、みんなで寄り合いして、みんなで一緒に何かをしよう、っていう時代ではないんだよ。

それが〝ひとり勝ち〟の時代なの。

それで、〝ひとり勝ち〟の時代の〝ひとり勝ち〟は、いろんなところにいるんだ。

商売をやってお金を儲けた、会社の同期のなかで一番出世した、学校で成績が一番だった、これも勝ちなんだよね。だけど、他にも勝ちがあるんだよ。

それは何かというと、〝心のひとり勝ち〟。

## 一億三〇〇〇万人分の〝心のひとり勝ち〟

本当に楽しそうに、うれしそうな顔をしながら、

「〝心のひとり勝ち〟がある」

という一人さん。そんな一人さんを見ていると、私もワクワクしてきました。

「〝心のひとり勝ち〟って楽しそうだね。早く続きを聞かせてくださいよ」

そうやって一人さんをせっつくと、一人さんはこういいました。


〝心のひとり勝ち〟っていうのは、こういうことだよ。たとえば、オーストラリアの先住民で、アボリジニという人たちがいるよね。俺は、

「あの人たち、不便な暮らししてるんだろうな」

とかって思うけど、アボリジニの人にこんなことをいわれてごらん。

「私たちアボリジニは最高です。私たちが住んでいるところは楽園です。都会

にいるあなたたちが、ホント、気の毒です。あんなゴミゴミしたところに住んでいて……」

俺は、恐れ入りました、というしかないよ。

だから、〝心のひとり勝ち〟っていうのは、いろんな事情が出てきたなかで、

「自分は、しあわせだ」

と思ったヤツが勝ち、それ以上のものってないんだ、って、俺は思ってる。

別に、俺の意見に賛成していただかなくてもいいの。何を思うかは、その人の自由だからね。だけど、人はオリンピックに出るために生まれたんじゃないんだよ。オリンピックで金メダルをとるために生まれたんじゃないの。

しあわせになるために生まれてきたんだよ。

オリンピックで金メダルをとらないと、しあわせになれない、っていうんなら、銀メダル以下は全部ふしあわせってことになる。そしたら、世界でしあわせな人は、ひとりしかいないことになる。

でも、俺はしあわせなんだよ。誰だって、しあわせになれるんだよ。

それで、しあわせっていうのは、どのぐらい感性が豊かになれるかで決まる

んだ、って俺は思っているんだね。感性が豊か、ってね……、感性っていうのは、生きているうちに段々とぎすまされていくものなんだ。

たとえば、子どもの頃だと、バラ園で一万本のバラが咲いてるのを見て、

「ワァー、すごい」

って、圧倒されるじゃん。そのぐらいの衝撃がないと、豊かな気持ちになれないときがあるんだけど、感性がとぎすまされてくると、道端に咲いているタンポポだとか、ペンペン草の花を見て、

「あっ、こんなとこに咲いてる。すごいな」

って、一〇〇万本のバラの花を見てるのと同じぐらい、感動しちゃったりする。

それから、おかずがアジの開きと漬物しかないときに、

「こんなカンタンなもので済ませろというのか！」

って、いっちゃうときもあるよ。だけど、夜明け前に漁師が沖に出て、アジを獲ってだよ、それを干して、市場へ出して、魚屋さんがそれを買って、店に出して、家の人がそれを買って、焼いて、って。そうやってアジの開きが出てきたんだよね。

だから、世の中にはカンタンなものってないんだよ。決してカンタンなものを食べているんじゃないの。そのことがわかったときは、

「自分は、今、すごい料理を食べているんだ。おいしいな、しあわせだな」

って思う。そういう感性をもてた人は、勝ち。だから、カンタンなものはないんだという、この事実を事実として受け止められるかどうかなんだよ。

「うん、これは、すごい！」

って思って、食べたとき、心がすごく豊かになっちゃう。そしたら、その人は誰が何といおうと、〝ひとり勝ち〟なんだ。

それで、〝心のひとり勝ち〟って広い、ありとあらゆるところに勝ちがあるんだよ。

あるお坊さんが、年をとったとき、檀家の人に、

「これからは、少し余生を楽しんでくださいね」

っていわれたんだって。そのとき、そのお坊さんは、こういったの。

「人間には、余ってる命なんてない。子どもの一日も、大人の一日も、どれも大切なんだ」

俺は、このお坊さん、〝ひとり勝ち〟だと思うよ。だけど、余生を余生と思っちゃいけないんですか、って、そんなことないよ。

「自分はもう死ぬんだと思ってた。だけど、今もこうして生きている。この、あまった人生を、自分は楽しく生きるんだ」

って思ってるんなら、それも〝ひとり勝ち〟でしょ。

ゴチャゴチャいったけど、「○○だから、しあわせ」というのか、「○○だから、ふしあわせ」というのか、それだけの問題なんだよ。

それで、結論がしあわせなら、それが勝ちなんだ。

ヴィトンのバッグをもって、シャネルのスーツを着て、フレンチを食べているのがしあわせなんだ、というのもありなの。だけど、定食屋でアジの開き定食を食べててしあわせだ、というのもありなんだよ。

しあわせっていうのは、測れない。基準もない。その人の心のなかにあるもんなんだね。ひとり、ひとり、違うんだよ。

今、日本の人口が一億三〇〇〇万人だとすると、一億三〇〇〇万人分の〝心のひとり勝ち〟があるんだ。

# しあわせのこんぺい糖現象

〝ひとり勝ち〟の話を聞いて、すっかり感動してしまった私ですが、その感動が覚めやらぬうちに、一人さんは、

「おせっかいだと思うけど、またもう一個、いいこと教えてあげようか……」

といって、ちょっと意味深な話をしてくれました。

これからの時代の〝ひとり勝ち〟っていうのは、

「あっ、こうやればいいんだ」

って、後に続くものがあるんだ。

わかりやすくいえば、こんぺい糖みたいな現象が起きるんだよ。

こんぺい糖ってさ、こんぺい糖の素みたいな、小さくて丸い玉にウニョウニョって角みたいのがついて、こんぺい糖になるでしょ。あれだよ。

小さくて丸い玉に、ウニョって一個、角ができる。その、最初の角が〝ひとり勝ち〟。

だから、ウニョって出世してくるヤツがいるとすると、それを見て真似するヤツが、あっちでウニョ、こっちでウニョって出てくる。

そうすると、今度は、ウニョって出てきた角と角の間もグジュグジュって、下請けみたいなところも上がってくる。そうすると、こんぺい糖の素のときは小さな玉だったのが、少し大きな丸い玉になる。

だけど、また、ウニョって角が出てくるんだ。また、どっかの誰かが〝ひとり勝ち〟する。それで、またそれを見ていたヤツが真似して、ウニョってなって、段々丸くなって……っていう繰り返しで、経済が発展していくの。商売だけでなく、何でもそうなんだよ。

だから、みんなのための〝ひとり勝ち〟なんだよ。みんなのための〝ひとり勝ち〟なんだけど、自分のためでもあるんだよ。

「みんなのためであって、自分のため……。どういうことだろう?」

私はそう思いましたが、たぶん一人さんに聞いても、いつものようにはぐらかされる、そう考えて、旅の続きを楽しむことに。そして、旅を終え、私は再び仕事の場へと帰っていきました。

のどの奥に魚の小骨がささっているかのような状況のまま、日々を過ごしていた私でしたが、その後、私はまた、気づき、というプレゼントをもらいました。

場所は、東京都内の某所。東京で仕事があるときによく顔を出す場所なんですが、そこで私は盗難事件に遭ってしまったんです。

会社主催のパーティーがあり、そこで私が歌を唄うことになっていたので、私は仕事の合間に歌を覚えようと思い、唄う曲を録音したＭＤとＭＤの機械、充電器を持ち歩いていました。ところが、私がボンヤリしている隙に、それらが丸ごと盗まれてしまったんです。

「しまった、やられた。悔しい」

私は、そう思いました。

「誰が盗ったの？　何でこんなことするの？」

そういいたい気持ちにもなりました。たぶん、昔の私なら、そうしていたことでしょう。ですが、そのときの私は違いました。

「悔しがっても、済んでしまったこと。どうにもならないわ。だけど、このまま落ち込んじゃうのは嫌。ツイてる、ツイてる、ツイてる……」

私は、心のなかでそうつぶやいていました。すると、なぜか、昔、一人さんから聞いたある話がアタマに浮かんできました。

この前、知り合いのヤツとスパ・リゾートの旅をしたの。そこでマッサージをやっていたから、二人でマッサージしてもらったんだ。

それで、一緒にいった男が、マッサージ師の人から、

「お客さんって、外国の俳優に似てますね」

っていわれたの。その男は、普段、そんなこといわれたことがないからすごく喜んじゃって。俺も、そいつがそんなこといわれているのを聞いたことがないから、どんな俳優なのか知りたくて、

「何ていう俳優に似ているんですか？」

って聞いたの。そしたら、そのマッサージ師の人は、
「名前は何ていったかな……出てこない。ほら、首のとこにボルトが入ってて」
って。それ、俳優じゃなくて、フランケンシュタインに似てるって。その男
には申し訳ないけれど、笑った。
笑ったんだけど、笑えない話だよね。だって、俺、知らないうちにそれと近
いことをしているかもしれないからね。
自分ではこれが正しいんだ、って、正しさを主張して、知らない間に相手を
傷つけちゃうことって、案外、多いんだよ。だから、俺、思ったんだよ。
正しさを追求するんじゃなくて、楽しさなんだって。
商売でも、人生でも、楽しさを極めれば成功の道なんだ、って。

「正しいじゃなく、楽しさだ」
そうつぶやいた後、ふと周囲を見渡すと、私は大勢のギャラリーに取り囲ま
れていることに気がつきました。
「エー、盗難事件？　誰が盗ったのよ。犯人はここにいるはずよ。出てきなさ

い」

「私じゃないわよ。そんなことという、あんたが怪しいんじゃないの？」

と、ものすごい騒ぎになっていました。

私はその光景を見て、申し訳なさで一杯になりました。私がしっかりと自分のＭＤを管理していれば盗まれることもなかった。こうやってギャラリーの人たちが互いに互いを疑うということもなかったはずです。

でも、自分の不注意を悔やんだところで、何にもならない。

「今、ここで、私は何をすればいいんだろう……」

もちろん、私がここで騒いでも盗まれたものは戻ってこない。正しさでいえば、警察を呼ぶということになるけれど、警察を呼んだって戻らないものは戻らない。

よしんば犯人が見つかったとしても、お互いの心の気まずさは後々残る。私だけでなく、そこに居合わせた人たちも、このことを思い出すたびに気分が悪くなる。

人はみんな愛の塊なのに、愛ある言葉をしゃべる動物なのに、この出来事を語るときは私も、この人たちも、ゆがんだ顔して誰かを傷つける言葉になってしまう。

人はみんなしあわせになるために生まれてきて、しあわせになるために知恵やエネルギーを使うべきなのに、憎しみのために知恵やエネルギーを無駄に使うことになってしまう。

私は、誰かから何かを奪うような人間にはなりたくない。私も楽しくて、周りの人も楽しい、そんな人生でありたい。

そう思った瞬間、私の口から、自然とこんな言葉が出てきました。

「私は誰も疑っていません。だから、みなさんも犯人探しはやめましょうよ。ボンヤリしてた私が悪かったんです。それに盗んだ人も大変な思いをして盗んだと思う。

MDが盗まれたことで、私も学ぶものがあったからいいんです。今まで、MDなんか持ち歩いてたから、私、なかなか歌が覚えられなかったんですよ。もうMDには頼れなくなったけど、その代わりカラオケボックスでも行って、唄ってくるからいいんです。そのほうが集中して覚えられるからいいんです。

それより、あの人が盗ったとか、盗らないとかいってると、気分が悪くなりますよね。だから、そんなことというのはやめにして、みんなでビールでも飲んで、楽しいことしましょうよ」

みんな、あ然として私を眺めていました。しばし沈黙が続いた後、人垣からある若い女性が出てきて、私にこういってくれました。

「私だったら落ち込んじゃうのに……。でも、今日のことはすごく勉強になりました」

また、ある病気にかかり、悩んでいた人から、

「クヨクヨ考えてもしかたがないのよね。私も、柴村さんのような前向きな考え方ができたらなぁ。これからも、いろいろ話を聞かせてくださいね」

といわれました。

私は、〝まるかん〟以外の場所で新しい仲間ができたような気がして、言葉ではいい尽くしようのない喜びを感じました。

「これは、ひょっとしたら、しあわせのこんぺい糖現象……」

私はそう思いながら、感動していました。

# 自分の人生に恋しよう

「人生の景色って変わるよ」

一人さんは、昔、私にそういったことがあります。その当時、私にはこの言葉の意味が理解できませんでした。

わからないながらも、商人として、そして、柴村恵美子という人間として、あっちぶつかり、こっちぶつかりしながら、ただひたすらに前だけを見て突っ走ってきました。

その都度、私の目の前には〝ひとつ上〟がありました。走っても、走っても、また〝ひとつ上〟がある、という現実。その現実と闘うことへの恐れ。

ですが、「ツイてる」という言葉で恐れを吹き払い、一歩前に向かう、その歩みを止めずにきたおかげで、私は商人としてつつがなく暮らせるようになり、今までは気づかなかった人の優しさや愛にも気づき、出会った人に愛を出して接すると自分も周りも楽しくなることを知りました。

そして、そのことで人間としての魅力が増し、それがまた自分に喜びをもたらすことを理解しました。

今、私は、見慣れたはずの青空を見ていても、道端に咲くタンポポを見ても、何を見ても、すべてが輝いて見えます。

自分の身の回りにある、すべての人、すべてのものが、かけがえのない、私の人生の宝物のように思えて、いとおしい。

確かに、人生の景色は変わったのです。

この感覚を、どんな言葉で表現したらいいんでしょう。

「自分の人生に恋してる」

そういう以外に、他の言葉は見つかりません。はがゆいです、自分の思いすべてが言葉でいいあらわせなくて……。だけど、それぐらいハッピーです。

あまりのうれしさで、私はこのことを一人さんに報告しました。

「一人さん、私、〝心のひとり勝ち〟じゃ、まだまだ一人さんに勝てないけれど、今、すごくハッピーなんです」

私がそういうと、一人さんはニッコリ微笑んでこういいました。

よかったね、エミちゃん。でも、俺に勝てない、っていうのは違うよ。地球って丸いじゃん。ということはね、その人が立ってるところが、一番高いところなんだよ。

だからね、人は誰もがみんな、地球の一番高いところに住んでるの。本当は、みんな勝ちなんだよ。何でもかんでも、

「私は不幸だ」

っていう人もいるけど、それはただのクセなの。不幸グセっていうクセなんだよ。

人間って、いろんなクセがあるじゃない？　歯を磨くにしても、右から磨く人、左から磨く人がいるよね。あれもクセなんだよ。だけど、クセってちょっとだけ訓練すれば治るんだよね。

だから、何でも、

「しあわせだ。ツイてる」

っていう訓練をしていると、そういうクセになっちゃうの。なれないうちは、「どうしてこんなときに『ツイてる』っていわなきゃいけないのか、わからない」

って思ったりするけど、それは、

「理解できないぐらいツイてる、っていうことなんだ」

とかさ。そうやって、自分なりにやっていくと、目の前にある壁を乗り越える知恵がどんどん出てくるんだよ。

それで、一番のしあわせっていうのは、人の笑顔。人が喜んでくれることなんだよ。

エミちゃんは、それをみんなに与えたんだよ。

エミちゃんは、自分で自分のしあわせを見つけ、それを手に入れたんだよ。環境の動物であることを実践したんだよ。

だから、その笑顔ができるんだ。会心の笑みっていうヤツだね。

そういう笑顔ができる人って、俺は惹かれるよ。だって、そういう笑顔の人って、みんなをハッピーにしちゃうからね。

# 「しあわせ法則」を覚えたら、不幸にはなれない！

私は、まだ人生の途中にいます。

たぶん、これからも、いろいろ迷ったり、怒ったり、ときには泣いたりすることもあるでしょう。

ただ、そんなときにはどうやって対処していけばいいか、ということは、いろんな体験を通じて学んできたつもりです。その学びを活かしながらも、これからもまた、あっちぶつかり、こっちぶつかりしながら生きていくのでしょう。

でも、それが、私、柴村恵美子の人生。

そういう、覚悟があるから、たぶん以前ほど悩むことはないと思ってます。

こういうのを希望的観測というのでしょうか……。

でも、一人さんはこういうんです。

一度、しあわせに気づいた人は、不幸にはなれない。なぜかというと、ひとつ原理があるんだ。それは何かというと、

「人間は利口にはなれるけど、バカにはなれない」

たとえば、近道を覚えちゃったとすると、迂回路は二度とは使わないよね。遠回りするのは嫌でしょ。

しあわせも、それと同じだよ。しあわせになる方法を一度覚えちゃうと、その方法を忘れて不幸になることはできない。


ただし、私が感じたしあわせは、私のしあわせでしかありません。ですから、この本で紹介した私の体験は、あくまでも私個人のもので、みなさんがこの通りにやってしあわせになれる、というものではありません。

ですが、私の体験談で、参考になる部分があったら、お好きなだけ使ってみてください。

そして、いつか、どこかで出会うことがあったら、あなたの〝ひとり勝ち〟を聞かせてください。

「お金もない、何の才能もない、こんなちっぽけな自分に、〝ひとり勝ち〟なんてできっこないんだよ」

なんて、ため息ついちゃダメですよ。

〝ちっぽけな自分〟だからこそ、勝ち得たものは大きいんです。

それは、どういう意味ですかって？　その意味も、あなた自身が自分の人生で探し出してください。

あなたが〝ひとり勝ち〟するんです。

ただし、あまり深く考える必要は全然ありません。

「生まれてきてしあわせだ。ツイてる」

といえば、笑顔になります。

その笑顔に、すべてのよきことが、なだれのごとく起きました！

# おわりに
## ――あなたはすでに〝ひとり勝ち〟の道を歩き出している！

自分でこの原稿を書いておきながら、こんなことをいうのもヘンなんですが、実に不思議な本になってしまったと、少し反省しています。

ですが、たまには不思議な気分を味わうのもいいものです。不思議のない日常生活は、ちょっと退屈ですから。

この本がほんの一瞬でもみなさんに楽しい時間を提供し、そして、みなさんが一人さんのちょっと変わった考え方に触れて、人生をいろんな角度から見直すきっかけになったらいいな、と思っています。

「こんな考え方に自分はついていけない」

と思っていただいても全然ＯＫですよ。

あなたは、あなたのやり方で〝ひとり勝ち〟するようになっていますから。

「自分はついていけない」というのは、別の方法があるという気づきだとも考えられます。

そうしたら、自分に合った方法を探し出せばいいだけなんです。

どういう形であれ、みなさんが、

「自分が〝ひとり勝ち〟なんだ」

と思えるきっかけをつかんでくれたら、私はそれで満足です。それが、この本を書くうえでの最終目標だったんです。

ただ、どういう形で行くにしろ、心と体は両方大切です。体の調子が悪いときは、体も動きませんし、アタマも働きません。

栄養のバランスを整えて元気な血液を保ち、体の健康をきちんと整えて、心の灯を絶やすことなく歩き続けてください。

あなたは、もうすでに〝ひとり勝ち〟の道を歩き出しています。

その歩みを止めない限り、あなたの人生に負けはありません。

一歩、また一歩と、あなたは〝ひとり勝ち〟の道を歩き続けるのです。

そんなあなたと出会う日がくることを念じつつ、ペンを置きます。
未熟な私の本を手にとってくれて、本当に、本当にありがとう。心から感謝します。
では、また、いつかどこかで。

柴村恵美子

本作品は小社より二〇〇四年四月に刊行された『斎藤一人の不思議な「しあわせ法則」』を文庫化にあたり再編集したものです。

## 一人さんファンの集まるお店

全国から一人さんファンの集まるお店があります。みんな一人さんの本の話をしたり、ＣＤの話をしたりして楽しいときを過ごしています。近くまで来たら、ぜひ、遊びに来てください。ただし、申し訳ありませんが、一人さんの本を読むか、ＣＤを聞いてファンになった人しか入れません。

住所：東京都江戸川区松島 3-6-2　1Ｆ　電話：03-3654-4949
営業時間：朝 11 時から夜 6 時まで。年中無休

## 斎藤一人さんの公式ホームページ

***http://www.saitouhitori.jp/***

一人さんが毎日あなたのために、ついてる言葉を、日替わりで載せてくれています。ときには、一人さんからのメッセージも入りますので、ぜひ、遊びに来てください。

♥斎藤一人　感謝の会 ―――― 会長　遠藤忠夫
http://www.tadao-nobuyuki.com/

♥斎藤一人　大宇宙エネルギーの会 ―――― 会長　柴村恵美子
ＰＣ　http://www.tuiteru-emi.jp/ue/
携帯　http://www.tuiteru-emi.jp/uei/

♥斎藤一人　天国言葉の会 ―――― 会長　舛岡はなゑ
http://www.kirakira-tsuyakohanae.info/

♥斎藤一人　人の幸せを願う会 ―――― 会長　宇野信行
http://www.tadao-nobuyuki.com/

♥斎藤一人　楽しい仁義の会 ―――― 会長　宮本真由美
http://www.lovelymayumi.info/

♥斎藤一人　今日はいい日だの会 ―――― 会長　千葉純一
http://www.chibatai.jp/

♥斎藤一人　ほめ道 ―――― 家元　みっちゃん先生
http://www.hitorisantominnagaiku.info/

♥斎藤一人　今日一日奉仕のつもりで働く会 ―――― 会長　芦川勝代
http://www.maachan.com

♥斎藤一人　美化の会 ―――― 会長　寺田本家　寺田啓佐
http://www.teradahonke.co.jp

♥斎藤一人　一人会 ―――― 会長　尾形幸弘
http://hitorikai.com

**柴村恵美子**（しばむら・えみこ）
銀座まるかん柴村グループ代表。18歳のとき日本指圧学校で、斎藤一人氏と出会う。数年後、斎藤一人氏の肯定的かつ魅力的な考え方に共感し、その一番弟子として、まるかんの仕事をスタート。今では13都道府県（北海道、富山、長野、神奈川（西部地区）、東京、茨城、大阪、兵庫、岡山、香川、山口、宮崎、沖縄）のエリアを任され、統括している。一九九七年分全国高額納税者番付で斎藤一人氏が1位になったとき、自らも全国86位にランクイン。師の教えの通り、「いつも楽しく、いつも豊かな心で、そして、ツイてる人生を……」を実践中。
著書には、『斎藤一人 大宇宙エネルギー療法 感動物語』（KKロングセラーズ）、『斎藤一人奇跡を呼び起こす「魅力」の成功法則』（イースト・プレス）、『斎藤一人の不思議な魅力論 笑いながら成功する法則』（PHP文庫）などがある。

柴村恵美子公式サイト
http://www.tuiteru-emi.jp/
柴村恵美子公式ブログ
http://ameblo.jp/tuiteru-emiko/
ツイッターアカウント
@shibamura_emiko

だいわ文庫

斎藤《さいとう》一人《ひとり》の不思議《ふしぎ》な「しあわせ法則《ほうそく》」

著者　柴《しば》村《むら》恵《え》美《み》子《こ》



二〇一一年六月一五日第一刷発行

発行者　佐藤 靖
発行所　大和《だいわ》書房
東京都文京区関口一－三三－四 〒一一二－〇〇一四
電話 〇三－三二〇三－四五一一
振替 〇〇一六〇－九－六四二二七
装幀者　鈴木成一デザイン室
本文印刷　暁印刷
カバー印刷　山一印刷
製本　小泉製本
ISBN978-4-479-30342-8
乱丁本・落丁本はお取り替えいたします。
http://www.daiwashobo.co.jp